INVENTAIRE
F.5710

I0040253

USAGES

DÉPÔT LÉGAL
Bouches-du-Rhône
N° 2
1859

ET

RÈGLEMENTS LOCAUX

AYANT FORCE DE LOI

DANS LE DÉPARTEMENT DES BOUCHES-DU-RHONE

CONSTATÉS ET RECUEILLIS, CONFORMÉMENT AU VŒU DU CONSEIL GÉNÉRAL,
PAR DES COMMISSIONS CANTONALES,

VÉRIFIÉS ET RÉVISÉS PAR UNE COMMISSION CENTRALE,

MIS EN ORDRE SOUS LA DIRECTION DE LA COMMISSION

PAR SON SECRÉTAIRE

M. Charles TAVERNIER

Avocat à la Cour Impériale d'Aix.

AIX

CHEZ REMONDET-AUBIN, LIBRAIRE-ÉDITEUR,
Sur le Cours, 53.

1859

USAGES

ET

RÈGLEMENTS LOCAUX.

Aix, Typographie RIMONDET-AUBIN, sur le Cours, 58.

USAGES

ET

RÈGLEMENTS LOCAUX

AYANT FORCE DE LOI

DANS LE DÉPARTEMENT DES BOUCHES-DU-RHONE

CONSTATÉS ET RECUEILLIS, CONFORMÉMENT AU VŒU DU CONSEIL GÉNÉRAL,
PAR DES COMMISSIONS CANTONALES,

VÉRIFIÉS ET RÉVISÉS PAR UNE COMMISSION CENTRALE,

MIS EN ORDRE SOUS LA DIRECTION DE LA COMMISSION

PAR SON SECRÉTAIRE

M. Charles TAVERNIER

Avocat à la Cour Impériale d'Aix.

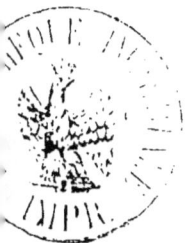

AIX

CHEZ REMONDET-AUBIN, LIBRAIRE-ÉDITEUR,

Sur le Cours, 55.

—

1859

INTRODUCTION.

———— ఎ ːᛏᏏᎧᏀᎧ◦————

L'UNITÉ de la législation, en France, est la réalisation
d'une belle et admirable idée. C'est, en effet, un grand
bienfait de voir nos droits et nos devoirs réglés d'une manière uniforme. Toutes les populations soumises autrefois
à une multitude de lois et de coutumes différentes vivent
maintenant sous l'empire d'une législation unique. Mais
les Codes français, en réalisant ainsi cette noble et grande
pensée, ont laissé subsister certains usages, certains règlements qu'il eût été difficile d'appliquer, d'une manière

générale et identique, à tous les habitants d'un pays aussi vaste que le nôtre. On comprend, en effet, que la diversité du sol, les besoins des localités, les mœurs et les habitudes, qui varient à l'infini, aient porté le législateur à respecter sur quelques points les anciennes coutumes. Aussi, a-t-il non-seulement laissé subsister les usages et les règlements dans les matières qui n'ont pas été réglées par nos lois, mais encore il y a renvoyé expressément dans un grand nombre de cas.

Ainsi, le Code Napoléon a disposé que l'usufruit des bois (art. 590, 593), l'usage des eaux courantes (art. 644, 645), la hauteur des clôtures dans les villes et faubourgs (art. 663), les distances à garder entre les héritages pour les plantations d'arbres à haute tige (art. 671), les constructions susceptibles, par leur nature, de nuire au voisin (art. 674), les délais à observer pour les congés des locations, le payement des sous-locations (art. 1736, 1738, 1753, 1758, 1759), les réparations locatives ou de menu entretien (art. 1754, 1755), les obligations des fermiers entrants et sortants (art. 1777) auraient généralement pour règle l'usage des lieux, les règlements particuliers, les coutumes.

La loi du 28 septembre - 6 octobre 1791, qui régit la police rurale, renvoie, pour ce qui concerne le glanage, la vaine pâture, le parcours, à l'usage immémorial et aux coutumes. La loi du 14 floréal an XI, article 1er, subordonne aux anciens règlements et aux usages locaux la direction des travaux qui ont pour objet le curage des canaux et rivières non navigables et l'entretien des ouvrages d'art qui y correspondent.

Les usages qui, d'après les dispositions législatives que nous venons de citer, ont force de loi, n'ont jamais été recueillis d'une manière complète. L'ouvrage le plus ancien qui consacre quelques usages de la Provence est le *Livre des Termes*, rédigé au commencement du xiv⁰ siècle, par l'ordre et sous les yeux du roi Robert, comte de Provence, et par les soins d'Arnaud de Villeneuve.[1] Plus tard, les statuts provençaux furent recueillis par Masse en 1598, commentés par Bomy en 1620, par Morgues en 1642, et par Julien en 1778. Après eux, Dubreuil et Cappeau, ces jurisconsultes éminents qui font autorité en matière de droit provençal, avaient aussi fait des travaux sur cette matière. Mais ils n'avaient pu tout embrasser, et, sur bien des points très importants, l'usage et la

---

[1] Le *Livre des Termes* traite de l'arpentage et de la plantation des bornes. On y trouve aussi deux chapitres isolés sur la distance à observer entre les ruches de deux voisins et sur les fossés des moulins. On peut considérer les règles qu'il indique comme existant déjà à l'époque de sa rédaction, depuis un temps immémorial, car le souverain qui avait ordonné ce travail n'aurait pas souffert la moindre inexactitude. Ce livre avait d'abord été écrit en latin. Il fut ensuite traduit en provençal dans la ville d'Arles. Il ne paraît pas qu'il ait jamais été imprimé. La bibliothèque de la ville d'Aix en possède deux exemplaires manuscrits : l'un, en vieux langage provençal, paraît être du xiv⁰ siècle. Un inventaire fait en 1608 constate que cet exemplaire contenait 150 feuillets ; il n'en contient plus aujourd'hui que 71. L'autre est un exemplaire in-folio, très bien écrit, en deux colonnes, l'une en provençal et l'autre en français. La bibliothèque de Carpentras possède aussi un exemplaire très riche et très bien conservé.

coutume n'avaient aucune base certaine , aucune règle
positive.

Les inconvénients de cette incertitude, qui se manifes-
taient aussi dans presque toute la France , étaient si
grands, que plusieurs conseils généraux de département
avaient formulé le vœu que l'on s'occupât de constater et
de recueillir, dans l'intérêt des services de l'administration et des tribunaux , les usages locaux auxquels se réfèrent diverses dispositions législatives.

M. le Ministre de l'intérieur lui-même, par une circulaire du 26 juillet 1844, appela sur cet objet l'attention
et l'examen de tous les conseils généraux. Après avoir
indiqué les principaux articles du Code qui donnent à
l'usage force de loi, M. le Ministre s'exprimait ainsi :
« L'énumération de ces cas principaux suffit pour que
« l'on comprenne de quelle utilité serait dans chaque
« département un recueil des usages, formé avec soin et
« revu par toutes les personnes de la localité les mieux
« instruites et les plus compétentes. On ne saurait , sans
« doute , l'imposer comme loi, mais les autorités, aussi
« bien que les particuliers, y puiseraient journellement
« des renseignements indispensables , et par degré on
« parviendrait à rectifier et même à fixer d'une manière
« authentique des usages parfois contradictoires et trop
« souvent mal connus ; au moins ces documents seraient
« d'une très grande importance pour l'élaboration d'un
« Code rural, demandé par le plus grand nombre des
« conseils des départements. »

Le Ministre terminait sa circulaire en invitant les Pré-

fets « à soumettre au conseil général cette question, et à
« le prier d'examiner, s'il y a lieu de former un recueil
« des usages locaux dans le département, quelle sera la
« marche à suivre pour en assurer la bonne exécution. »
Le conseil général, dans sa délibération du 4 septembre 1844, reconnut, pour le département des Bouches-
du-Rhône, la convenance, l'utilité et même la nécessité
d'un recueil des usages locaux, et il pensa que MM. les
Juges de paix devaient être invités à procéder à la recherche et à la constatation des usages locaux dans leurs
cantons respectifs. M. le Préfet invita ces magistrats à
s'occuper de l'important travail qui leur était demandé.
Cet appel ne fut point entendu. En 1850, et dans sa
séance du 5 septembre, le conseil général émit de nouveau
le vœu que MM. les Juges de paix fussent invités à s'occuper de ce travail. Des programmes contenant toutes les
questions qui, en l'état de la législation, doivent être ré-
solues par les usages locaux, furent dressés, et M. le
Préfet nomma des Commissions cantonales chargées de
vérifier le travail de MM. les Juges de paix.

Dès que les Commissions cantonales eurent terminé
leur examen, M. le Préfet, à la date du 1ᵉʳ mars 1856,
institua à Aix, au chef-lieu de la Cour impériale, une
Commission centrale qui fut chargée de procéder à la
vérification de leurs travaux. La Commission organisée
nomma, avec l'agrément de M. le Préfet, un secrétaire,
chargé de la rédaction définitive du recueil des usages
locaux dans le département.

Cette Commission centrale était ainsi composée :

MM. Castellan, président à la Cour impériale, *président*; Moutte, conseiller à la Cour impériale; Jourdan,
juge au tribunal civil d'Aix; Bouteuil, professeur-doyen
de la faculté de droit; Perrin, avocat à la Cour impériale; Ch. Tavernier fils, avocat à la Cour impériale,
secrétaire, chargé de la rédaction.

Tous les procès-verbaux des Commissions cantonales
ont été soumis à l'examen des membres de la commission
centrale, qui ont fait par écrit des observations critiques
sur les réponses fournies. Ce travail une fois terminé, le
secrétaire-rédacteur a fait le dépouillement général de
toutes les réponses relatives à chaque question, en indiquant sur chaque point les observations faites. Chaque
réponse aux questions posées a été l'objet d'un examen
approfondi; quelques-unes mêmes n'ont été définitive-
ment adoptées qu'après avoir consulté plusieurs fois les
Commissions cantonales pour avoir une solution aussi
exacte et aussi complète que possible.

Quant au plan de l'ouvrage, le secrétaire, de l'avis de
la Commission centrale, a adopté, sur chaque question
posée, la division par arrondissement et la subdivision
par canton. Lorsqu'un usage est le même, pour éviter des
redites et des répétitions inutiles, il a eu soin d'indiquer
en tête du paragraphe que la règle posée s'applique à
tel et tel canton.

Parmi les solutions données, il s'en est trouvé quelques-unes qui ont paru à la Commission centrale devoir être suivies d'observations. Ces observations sont
placées à la suite de la réponse qui y a donné lieu, ou à

la fin de la section, si elles doivent s'appliquer à tout le département.

Puisse ce travail justifier la confiance que la Commission centrale a témoignée à son secrétaire, qui sera heureux s'il n'est pas resté trop au-dessous de sa tâche.

Ch. TAVERNIER.

USAGES

ET

RÈGLEMENTS LOCAUX.

CHAPITRE PREMIER.

PROPRIETE.

(Art. 544 Cod. Nap. Art. 81 de la loi du 21 avril 1810.)

Existe-t-il dans quelques communes du canton un règlement local pour l'exploitation des carrières à ciel ouvert?

Arrondissement de Marseille.

Les cantons de Marseille, Roquevaire, Aubagne et La Ciotat possèdent des carrières à ciel ouvert. Ce sont, pour les cantons de Marseille, Roquevaire et Aubagne, des carrières de plâtre. La Ciotat possède des carrières de pierres. Les seuls règlements intervenus sur cette matière sont deux arrêtés de M. le Préfet des Bouches-du-Rhône, à la date du 25 septembre 1835 et du 2 mai 1838, qui réglementent les exploitations des carrières de plâtre du canton de Marseille, situées dans la commune d'Allauch.

Les autres cantons n'ont d'autres règles que celles qui sont édictées par l'article 544 du Code Napoléon et l'article 8 de la loi sur les mines, du 21 avril 1810.

Arrondissements d'Aix et d'Arles.

Dans les communes des arrondissements d'Aix et d'Arles, qui possèdent des carrières à ciel ouvert, il n'y a pas de règlements locaux.

CHAPITRE II.

USUFRUIT.

—

SECTION 1re — AMÉNAGEMENT DES BOIS.

(Art. 590, 593 Cod. Nap.)

Quel est l'usage des propriétaires du canton, quant à l'aménagement des bois? Quel est le temps laissé d'ordinaire entre chaque coupe? Est-il d'usage de laisser des baliveaux dans les taillis que l'on coupe? Combien en laisse-t-on par hectare, et jusqu'à quel âge les garde-t-on?

L'usufruit est un droit réel qui donne à l'usufruitier le droit d'user et de jouir, comme le propriétaire, d'une chose ou d'un droit appartenant à autrui, à la charge d'en conserver la substance : *Salvâ rerum substantiâ.* L'usufruitier doit donc, en ce qui touche les bois, en user comme le propriétaire lui-même, et suivre l'aménagement par lui adopté.

L'aménagement, dans son exception la plus générale, est la division d'une forêt ou d'un bois en coupes successives, la fixation de l'étendue des coupes annuelles et de l'âge auquel les coupes des parties de la forêt ou du bois peuvent être faites. Il peut être utile de préciser ce que l'on entend par taillis, baliveaux et futaie. Aux termes de l'article 69 de la loi du 3 frimaire an VII, tous les bois en dessous de 30 ans sont réputés taillis. Les baliveaux sont des plants réservés à l'époque de la coupe des taillis. Ils servent à créer des futaies ou à peupler la forêt. La futaie est le bois qui est âgé de plus de 30 ans.

Examinons maintenant quel est l'usage constant des propriétaires, et nous saurons par là quels sont les droits et les obligations de l'usufruitier.

Arrondissement de Marseille.

Dans les cantons de Marseille, il n'y a pas de bois taillis. Les bois de pin, qui occupent une superficie de 3000 hectares environ, appartiennent à un très grand nombre de propriétaires qui ne les cultivent que pour leur agrément, et ne les soumettent point à des coupes régulières. Il n'y a, par conséquent, aucun usage constant.

Canton de Roquevaire. — La plupart des propriétaires procèdent par coupes en entier à vingt ans de distance; d'autres, et le nombre grandit chaque jour, exploitent la coupe en jardinant. Le jardinage, mode d'exploitation des bois, consiste à prendre çà et là les arbres marqués en délivrance lorsqu'ils dépassent ou qu'ils ont atteint la grosseur désirable. En suivant ce mode d'exploitation, on coupe généralement les arbres lorsqu'ils ont acquis une circonférence d'un mètre à un mètre du sol.

Dans toutes les coupes du bois taillis on laisse 40 baliveaux par hectare. Ils ne sont abattus qu'à la coupe suivante.

Canton d'Aubagne. — Il n'existe point de règle fixe pour l'aménagement des bois. Les propriétaires les exploitent chaque année en jardinant. Pourtant, dans les grands bois de pins, les coupes générales ont lieu tous les trente ans. Tous les cinq ans on élague les arbres.

Canton de La Ciotat. — Les bois de chênes verts sont soumis à un aménagement de dix ans, en laissant, par hectare, 150 baliveaux qui ne sont coupés que quinze ans après. Les bois de pins sont soumis au même aménagement. On est dans l'habitude de laisser, par hectare, douze à quatorze cents baliveaux que l'on ne coupe qu'après dix ans. Les coupes à blanc-estoc se font tous les vingt ans et pendant toute l'année.

Observation de la Commission centrale. — Cet aménagement par coupe de dix ans laisse supposer que le bois est divisé de manière à pouvoir faire une coupe tous les dix ans ; on ne suppose pas qu'on veuille dire par là que les chênes verts et les pins sont coupés à l'âge de 10 ans, car, à cet âge, les uns et les autres seraient beaucoup trop jeunes. L'administration forestière ne permet la coupe des chênes verts qu'à l'âge de 20 ans, et celle des pins qu'à l'âge de 40 ans.

Arrondissement d'Aix.

Cantons d'Aix. — Les bois de chênes verts sont soumis à des coupes périodiques tous les quinze ou dix-huit ans, et ceux de chênes blancs à des coupes qui se renouvellent tous les dix ou douze ans. Dans ces coupes, on laisse un baliveau par dix mètres carrés. Les bois de pins sont exploités, en jardinant, chaque année. Pour arriver ainsi à une coupe complète, il faut une période de 60 à 80 ans.

Les arbres des bois taillis sont élagués vers le milieu de l'intervalle qui s'écoule d'une coupe à l'autre, et toujours en hiver. Les arbres de haute futaie que possèdent les cantons d'Aix ne sont point mis en coupes réglées. Ils sont soumis à un élagage qui ne doit se faire que lorsque les

sujets ont acquis un certain développement. Quant aux
bois rampants, la coupe se fait tous les sept ou huit ans.

Canton de Salon. — Le canton ne possède que la forêt de
la Barben, qui appartient à un seul propriétaire; elle est
complantée en pins. On l'exploite d'une manière toute particulière, consacrée plus spécialement au produit de la
résine. Lorsque l'arbre a atteint l'âge de 60 ans, on y pratique une large incision d'où s'écoule la résine. Pendant
huit ou dix ans on en retire un produit considérable, après
quoi on coupe l'arbre, qui sert à faire du charbon ou qui
s'emploie comme bois de chauffage.

Canton de Martigues. — Les bois de pins sont les seuls
qui existent dans le canton. On les coupe habituellement
tous les vingt ou trente ans. On les émonde tous les cinq
ans. On est dans l'usage de laisser 1000 baliveaux par
hectare. On les garde vingt ou trente ans.

Canton de Lambesc. — Les bois de chênes verts et de
chênes blancs se coupent tous les quinze ans dans les terrains de première classe, tous les vingt ans dans ceux de
deuxième classe, et tous les trente ans dans ceux de
troisième classe. Le nombre de baliveaux laissés par hectare est de 450 dans la première, de 300 dans la seconde,
et de 150 dans la troisième. Les bois de pins s'aménagent
aussi périodiquement. On laisse 500 baliveaux par hectare. Ces baliveaux se coupent, par tiers, tous les dix
ans.

Canton de Gardanne. — L'usage autorise les coupes de
bois kermès tous les quatre ou cinq ans; elles se font

avant que les feuilles ne commencent à pousser. On laisse des baliveaux espacés de dix mètres. Les bois de haute futaie ne sont pas mis en coupe réglée, on les exploite en jardinant.

Canton d'Istres. — Les bois taillis sont si rares dans le canton, qu'il n'y a aucun usage les concernant.

Canton de Berre. — Les bois taillis sont aménagés, dans le canton, de la manière suivante : le chêne kermès se coupe tous les six ans, les oseraies tous les trois ans, et les roseaux tous les ans. Ces essences de bois taillis n'exigent point, par leur nature, qu'on laisse des baliveaux pour leur reproduction.

Les seuls bois de haute futaie que possède le canton sont les bois de pins. On les exploite en jardinant, savoir : pour le chauffage, lorsque l'arbre a atteint 35 ans ; pour la sciure et les planches, lorsqu'il a 60 ans. On est aussi dans l'usage de faire des éclaircies, tous les six ou huit ans, pour donner aux jeunes plants l'espace qui convient au développement de leur essence. Ces éclaircies doivent être de nature à déterminer peu à peu un espacement de quatre à cinq mètres entre chaque pied choisi parmi ceux de la plus belle venue.

Canton de Trets. — Les chênes blancs taillis sont coupés lorsqu'ils sont âgés de 12 ans, et les chênes verts lorsqu'ils ont atteint l'âge de 15 ans. On est dans l'usage de laisser des baliveaux dont la quantité est déterminée d'après la richesse ou la pauvreté du sol forestier. On exploite les bois de pins en jardinant.

Canton de Peyrolles. — La coupe des bois taillis, chênes

blancs ou chênes verts a lieu tous les quinze ou seize ans. On laisse habituellement des baliveaux espacés de 25 mètres.

Cantons d'Arles, de Tarascon, de Saint-Remy et des Saintes-Maries. — Il n'y a, dans aucun de ces cantons, des bois susceptibles d'aménagement. Arles possède, le long du Rhône, des plantations de petits osiers, dites oseraies ou vergantières, que l'on coupe toutes les années, depuis le mois d'octobre jusqu'au mois d'avril.

Les saules de tête et les saules de plantation servent comme bois à brûler et se coupent tous les trois ans, à la même époque.

Canton de Château-Renard. — Dans la commune de Noves, qui est la seule qui possède des bois taillis, la coupe a lieu tous les ans sur des arbres âgés de 14 à 15 ans. D'après l'usage, on laisse 80 baliveaux, dont 30 modernes et 50 anciens, sur une contenance d'environ 3 hectares. A chaque coupe, on en abat un certain nombre, suivant les circonstances.

Canton d'Orgon. — Il existe des bois taillis dans les communes d'Orgon, de Sénas et d'Eygalières. Ils sont agrégés de chênes kermès avec quelques chênes verts et du mort bois. La majeure partie appartient aux communes, et se trouve par conséquent soumises au régime forestier, qui l'a divisée en dix-huit coupes. On en exploite une chaque année. Autrefois, on laissait 50 baliveaux de chênes verts par hectare pour orner le taillis. Aujourd'hui on coupe à blanc estoc.

Les propriétaires qui possèdent des bois taillis les coupent tous les neuf ou dix ans. Ils ne laissent point de baliveaux, parce qu'on a remarqué qu'ils épuisent la souche qui les porte et la font souvent périr.

Canton d'Eyguières. — Les bois que possède le canton sont coupés tous les dix ou vingt ans. L'exploitation est faite de proche en proche, sans intervalle. Parfois le propriétaire permet que la coupe d'une année soit faite dans deux quartiers, pourvu que la compascuité pour les troupeaux ne soit pas trop gênée.

Dans l'intervalle d'une coupe à l'autre, les propriétaires font élaguer leurs bois. Le produit de l'élagage sert pour les fours ou pour les vers à soie. On est dans l'habitude de laisser dans les bois taillis 60 baliveaux par hectare ; ces baliveaux ne sont abattus qu'à la coupe suivante.

—

SECTION II. — PÉPINIÈRES.

(Art. 590, § 2 Cód. Nap.)

Quels sont les usages relativement au remplacement des arbres dans les pépinières ?

Arrondissement de Marseille.

Cantons de Marseille, d'Aubagne et de La Ciotat. — Il n'y a pas de pépinières assez importantes pour qu'il existe sur ce point des usages constants et reconnus.

Observation de la Commission centrale. — En l'absence d'usages reconnus, il faut suivre ce qu'indiquent le bon sens et la nature des choses. L'usufruitier doit jouir des pépinières comme en aurait joui le propriétaire agissant en bon père de famille. Ainsi, la pépinière est-elle établie pour spéculer sur la vente des plants? L'usufruitier peut vendre les arbres en replantant un nombre de sujets égal au nombre vendu, sur le même terrain ou sur un terrain de même qualité, convenablement préparé. La pépinière est-elle créée pour l'entretien du domaine? L'usufruitier doit transplanter les arbres suivant les besoins de la localité et les règles de la science agricole, sans être obligé de les remplacer.

Canton de Roquevaire. — L'usufruitier qui enlève des plants de la pépinière ne peut les prendre que lorsqu'ils sont âgés de 2 ans, et à la charge par lui de les remplacer au moyen de semis ou plantations nouvelles. Si ce sont des arbres greffés qui ont été enlevés, l'usufruitier est obligé de faire greffer les nouvelles plantations.

Arrondissement d'Aix.

Cantons d'Aix, de Martigues, de Lambesc, de Gardanne et de Trets. — Il n'y a pas d'usages constants et reconnus.

Observation de la Commission centrale. — Il convient de suivre les règles indiquées plus haut, en l'absence d'usages.

Canton de Salon. — Les pépinières sont toujours formées par les propriétaires, avec l'intention formelle d'obtenir par la vente des sujets un produit avantageux. L'usufruitier vend les plants lorsqu'ils ont atteint la grosseur nécessaire pour être plantés à demeure. Il n'est pas obligé de les remplacer, et le sol de la pépinière, une fois débarrassé, est employé par lui à toute autre culture, sans qu'il soit tenu de former une autre pépinière dans la propriété soumise à l'usufruit.

Canton d'Istres. — L'usufruitier qui jouit d'une pépinière a le droit de vendre les jeunes plants qui ont l'âge requis, si la pépinière a été formée pour la vente des arbres. Dans le cas où elle a été faite pour l'entretien des plantations, il a le droit d'en prendre pour remplacer tous les arbres morts ou arrachés. Il doit, dans les deux cas, pourvoir, par des semis, au remplacement des arbres enlevés.

Canton de Berre. — Les pépinières qui existent dans le canton sont des pépinières d'amandiers, de mûriers et de vignes. L'âge de l'enlèvement est 4 ou 5 ans pour les mûriers et amandiers, et un an pour la vigne. L'usufruitier peut enlever les plants ou rejets d'oliviers en les détachant de la souche lorsqu'ils ont 14 ou 15 ans, mais seulement pour le renouvellement du verger soumis à l'usufruit.

Les droits de l'usufruitier sur les pépinières sont les mêmes que ceux du fermier dans le canton. Il en use, il en jouit, mais à la charge par lui de rendre, à la cessation de l'usufruit, la pépinière telle qu'il l'a trouvée. L'usufruitier est donc obligé de remplacer les arbres qu'il a pu extraire.

Canton de Peyrolles. — L'usufruitier a le droit de prendre dans les pépinières les arbres fruitiers, un an ou deux après la greffe, et les autres lorsqu'ils sont âgés de 4 ou 5 ans, sans être obligé de les remplacer.

Arrondissement d'Arles.

Cantons d'Arles, d'Eyguières et des Saintes-Maries. — On n'est pas dans l'usage de former et d'entretenir des pépinières.

Observation de la Commission centrale. — S'il venait à s'en créer quelqu'une, on devrait suivre les règles que nous avons indiquées plus haut.

Cantons de Tarascon, de Saint-Remy et de Château-Renard. — L'usufruitier a un droit absolu sur les arbres des pépinières. Il n'est pas obligé de les remplacer.

Canton d'Orgon. — On fait des pépinières dans la commune de Cabannes pour spéculer sur la vente des plants, lorsqu'ils ont atteint l'âge de 4 ou 5 ans. L'usufruitier est obligé de renouveler la pépinière, mais il ne procède jamais par remplacement dans le même terrain ; il doit la renouveler en entier sur un autre emplacement convenablement préparé.

—

SECTION III. — ÉCHALAS, PIQUETS, FOURCHEAUX.

(Art. 595 Cod. Nap.)

Quel est l'usage ou la coutume des propriétaires relativement aux échalas qui peuvent être pris dans les bois pour les vignes ?
L'usufruitier a-t-il le droit de prendre dans les bois du domaine, non-seulement les échalas proprement dits pour

la vigne basse, mais encore les piquets, fourcheaux ou écharassons qui soutiennent les hautins? Vignes à tige haute dans le Midi. — *Dictionnaire de* Bescherelle.)

Arrondissement de Marseille.

Cantons de Marseille et d'Aubagne. — On ne se sert, pour la vigne, ni d'échalas ni de piquets ou fourcheaux. L'usufruitier n'a donc rien à prendre dans les bois pour cet objet.

Cantons de Roquevaire et de La Ciotat. — L'usufruitier prend dans les bois soumis à son usufruit les échalas pour les vignes basses. A Roquevaire, les hautins ne sont pas en usage. A La Ciotat, l'usufruitier a le droit de prendre les piquets et fourcheaux nécessaires pour les hautins.

Arrondissements d'Aix et d'Arles.

Dans aucun des cantons de ces deux arrondissements on ne se sert d'échalas pour vignes ni de piquets pour les hautins; c'est dire assez que l'usufruitier n'a pas le droit d'en prendre dans les bois soumis à l'usufruit.

———

SECTION IV. — ÉMONDAGES PÉRIODIQUES.
(Art. 595 Cod. Nap.)

Quels sont les arbres soumis à des émondages annuels ou périodiques, d'après l'article 593 du Code Napoléon ?

L'émondage périodique dont parle cette question peut être considéré à deux points de vue différents : d'abord comme obligation imposée à l'usufruitier, ensuite comme produit lui appartenant. En règle générale, l'usufruitier est tenu d'émonder tous les arbres fruitiers soumis à son usufruit. C'est une des conditions qui lui sont imposées par sa qualité, qui l'oblige à administrer en bon père de famille. Le bois provenant de l'émondage lui appartient.

Quant aux arbres agrestes ou d'agrément, l'émondage que l'usufruitier en retire est un véritable produit dont il jouit suivant l'usage ou la coutume des propriétaires.

Arrondissement de Marseille.

Cantons de Marseille, de Roquevaire, d'Aubagne et de La Ciotat. — Tous les arbres à fruit, ainsi que les mûriers, doivent être émondés tous les deux ans; le produit de cette opération appartient à l'usufruitier. L'époque la plus convenable pour la faire est celle qui suit la récolte des fruits et la cueillette des feuilles pour les mûriers. La vigne doit se tailler toutes les années, en janvier ou en février.

Quant aux arbres agrestes ou d'agrément, l'usufruitier a le droit de les émonder tous les cinq ans, du mois d'août à la fin de l'hiver.

Arrondissement d'Aix.

Cantons d'Aix. — L'usufruitier perçoit, avec les fruits annuels, le bois de l'émondage des arbres fruitiers, qu'il doit faire tous les deux ans, à l'exception pourtant du noyer, que la taille ferait périr. Quant aux arbres d'agrément, tels que chênes, pins, platanes, ormeaux, trembles, etc., etc., ils sont élagués par l'usufruitier, et

l'émondage lui appartient. Mais, pour se livrer à cette
opération, il doit attendre que le sujet ait acquis un certain développement. Les saules se coupent tous les trois
ans ; les osiers et roseaux qui servent à faire des paniers
et des claies se coupent annuellement.

Cantons de Salon et de Martigues. — Les mûriers , oliviers et amandiers , et en général tous les arbres fruitiers ,
sont émondés tous les deux ans. Cet émondage se fait à
la fin de l'hiver, en février ou en mars. Néanmoins , les
mûriers dont on veut utiliser la première feuille pour les
vers à soie ne sont émondés qu'en mai ou en juin , c'est-à-
dire immédiatement après la cueillette de la première
feuille.

Il n'y a dans les cantons que quelques arbres d'agrément , pour l'émondage desquels il n'existe pas d'usage.

Canton de Lambesc. — L'usufruitier, obligé de se conformer aux règles établies dans les cantons précédents
pour l'émondage des arbres fruitiers, a le produit de cet
émondage; il a de plus, d'après un usage des plus anciens, le droit de prendre la rame des ormes et celle des
peupliers, pour en faire des fascines destinées à nourrir
les bêtes à laine pendant l'hiver. Cet élagage a lieu tous
les trois ans , vers la fin d'août, et le plus tard possible ,
pour éviter la repousse dans la même année. On dépouille
l'arbre dans toute sa hauteur , en laissant le jet principal
pour continuer la tige de l'arbre.

Cet usage tombe chaque jour en désuétude.

L'usufruitier a le droit de couper chaque année les bois
piquants et rampants , à la seule condition de ne pas les
arracher.

Canton d'Istres. — Mêmes règles pour les arbres fruitiers que dans les précédents cantons. L'usufruitier a droit, de plus, à l'émondage des ormeaux, des peupliers, des saules et des autres arbres de même nature, tous les trois ans. La saison la plus convenable pour l'émondage est depuis la fin de l'automne jusqu'à la fin de l'hiver.

Canton de Gardanne. — Mêmes règles pour les arbres fruitiers que dans les cantons précédents.

Les arbres soumis à des émondages périodiques sont le chêne, l'orme, le frêne, l'aulne, le bouleau et le saule. On doit les émonder tous les cinq ans, du 15 février au 15 avril.

Le pin, le hêtre, le châtaignier et les arbres d'ornement ne sont point émondables. Les bois piquants et rampants sont coupés chaque année.

Canton de Berre. — Mêmes règles pour les arbres fruitiers que dans les cantons précédents. L'usufruitier a droit aux branches des jeunes pins. L'émondage doit se faire sur la partie boiseuse de l'écorce, à un tiers de l'élévation seulement, et jamais sur la partie lisse.

Canton de Trets. — Mêmes règles pour les arbres fruitiers que dans les cantons précédents. Les arbres que l'on est dans l'usage d'émonder sont les arbres des bois taillis et les pins. L'usufruitier a droit à l'émondage qui doit se faire, pour les bois taillis, la sixième année après la coupe, en ayant soin de conserver les sujets nécessaires à chaque souche. Les bois de pins peuvent s'émonder à tout âge, mais l'émondage de cette dernière essence ne doit s'élever qu'au tiers de la hauteur de l'arbre.

L'usufruitier a le droit de couper les bois piquants et rampants dès que leur croissance est arrivée à un point de développement qui permet d'en faire des fascines, ou de les utiliser pour des écobuages, c'est-à-dire lorsqu'ils sont âgés de 6 ans.

Canton de Peyrolles. — Pour les arbres fruitiers, mêmes règles que dans les autres cantons. L'usufruitier a le droit d'émonder les chênes blancs et les pins, lorsqu'ils ont atteint leur neuvième année.

Arrondissement d'Arles.

Cantons d'Arles. — L'émondage des oliviers a lieu, tous les deux ans, de février en avril. Celui des mûriers tous les trois ans pour ceux que l'on émonde de janvier en mars, et tous les deux ans pour ceux émondés en mai et en juin. Les amandiers s'émondent tous les deux ans, après la récolte ; les autres arbres fruitiers, tous les deux ou trois ans.

Pour les arbres agrestes ou d'agrément, il n'y a pas d'émondage périodique, il dépend de la volonté du propriétaire. Il faut pourtant en excepter les saules, qui s'émondent tous les trois ans.

Canton de Tarascon. — Pour les arbres fruitiers, même règle qu'à Arles. Les oseraies sont coupées tous les ans, aux mois de novembre, décembre et janvier, pour faire les liens des cercles et les paniers bruns; au mois d'avril, pour les paniers blancs ; tous les quatre ans, au mois d'avril, pour la fabrication de la poudre, et en hiver, pour faire des chaises et des fagots à brûler.

Les saules et les peupliers sont émondés tous les trois ans, les ormeaux tous les cinq ans. On coupe toutes les branches, sauf la flèche. Ce travail a lieu au mois d'octobre, quand on veut faire manger la feuille aux bestiaux, sinon il a lieu en hiver.

Cantons de Saint-Remy, de Châteaurenard et d'Orgon. — Mêmes règles, pour les arbres fruitiers, que dans les cantons d'Arles. Les saules, les peupliers, et tous les arbres plantés sur les bords des terres et fossés s'émondent tous les trois ans. Si l'on veut profiter des feuilles, on coupe les petites branches qui en sont garnies à la mi-septembre ; on les lie en fagots, on les fait sécher, et on les donne comme pâture en hiver aux troupeaux. On ne coupe les grosses branches que dans le courant de l'hiver ou en mars.

Canton d'Eyguières. — Pour les arbres fruitiers, mêmes règles qu'à Arles. Les saules sont émondés chaque année au mois de septembre. Les propriétaires des bois que l'on coupe tous les dix ou vingt ans font, dans l'intervalle d'une coupe à l'autre, élaguer leurs arbres.

Canton des Saintes-Maries. — Mêmes règles pour les arbres fruitiers que dans les cantons d'Arles. Les saules et les peupliers s'émondent tous les trois ans, les ormes et les frênes tous les trois, quatre, cinq ou six ans. Le tamaris se taille tous les trois ans, l'osier se coupe chaque année. La saison la plus convenable pour l'émondage est celle que l'on appelle la saison morte, qui va du 1er décembre au 1er février.

SECTION V. — CHARGES DES FRUITS.

(Art. 608 Cod. Nap.)

Quelles sont, dans l'usage, les charges réputées charges
des fruits? Les impositions pour l'entretien des digues
sont-elles de ce nombre?

Arrondissement de Marseille.

Cantons de Marseille. — Il n'existe sur ce point aucun
usage général. Il n'y a que fort peu de digues dans les
cantons. Les principes du Code Napoléon sur les obligations de l'usufruitier sont les seuls suivis.

Cantons de Roquevaire, d'Aubagne et de La Ciotat. — Indépendamment des contributions, sont considérés comme
charges des fruits : les redevances pour curage et entretien des ruisseaux d'arrosages et pour frais de syndicats,
les frais de réparation et d'entretien des chemins voisi-
naux ou de quartier, le curage annuel des fossés, et généralement toutes les réparations nécessaires à l'entretien
de l'immeuble soumis à l'usufruit, à l'exception de celles
qui, d'après l'article 606 du Code Napoléon, incombent
au nu-propriétaire.

A Roquevaire et à La Ciotat il n'y a pas de digues. Dans
le canton d'Aubagne, l'entretien des digues est réputé
charge des fruits.

Arrondissement d'Aix.

Les charges qui, dans l'usage, sont réputées charges

des fruits, indépendamment de celles édictées par l'article 608 du Code Napoléon, sont, dans tout l'arrondissement, les suivantes :

Pour les biens ruraux, l'entretien des chemins d'exploitation, des haies, des prises d'eau, des murs de soutènement, des berges des canaux d'arrosage, l'entretien des étangs et de toutes les constructions servant à les remplir ou à les vider, le purgement des fossés d'irrigation, le curage des citernes et des égoûts, les taxes locales d'arrosage, l'entretien des biefs, les frais d'entretien des digues existantes.

Pour les maisons, toutes les réparations locatives ; à Aix, le logement des militaires.

Dans le canton de Peyrolles, en cas de destruction des digues, l'usufruitier est obligé de transporter les matériaux pour les rétablir.

Arrondissement d'Arles.

Sont réputés charges de fruits dans tout l'arrondissement :

Pour les biens ruraux, toutes les charges locales que nous avons énumérées pour l'arrondissement d'Aix, le payement des cotes de vidanges levées par une association de dessèchement et les impositions pour l'entretien annuel des digues, sans que l'usufruitier soit soumis aux grosses réparations ou aux reconstructions pour lesquelles il est fait un rôle extraordinaire ;

Pour les maisons, toutes les réparations locatives.

CHAPITRE III.

DES SERVITUDES.

—

(Art. 645 Cod. Nap. — Art. 1er loi du 14 floréal an XI.)

Existe-t-il des règlements particuliers et locaux sur le cours et l'usage des eaux, soit antérieurement au Code Napoléon, soit postérieurement ? En cas d'affirmative, quels sont-ils ?
La coutume règle-t-elle seule cette matière ? Et, dans ce cas, quel est la coutume locale ?
Quid des règlements et usages relativement au curage des ruisseaux et des canaux ?

Arrondissement de Marseille.

Cantons de Marseille. — Il n'existe point de règlements particuliers et locaux sur le cours et l'usage des eaux. Il y a bien des conventions ou règlements entre divers propriétaires d'un même quartier, mais ces conventions varient suivant les propriétaires et les quartiers.

Le canal de Marseille, qui est le seul que possèdent les cantons, appartient à la ville de Marseille, qui cède de l'eau aux propriétaires moyennant une redevance annuelle. C'est la ville qui est chargée de tous les frais d'entretien et de curage du canal.

L'Huveaune et Jarret, qui sont les deux seuls ruisseaux ou rivières auxquels on pourrait appliquer la loi du

14 floréal an XI, ne sont point soumis à des curages habituels.

Canton de Roquevaire. — Les règlements particuliers et locaux en vigueur pour le cours et l'usage des eaux sont :

A Roquevaire : 1° la transaction du 5 janvier 1588, entre Louis de Cabre, propriétaire, et la communauté de Roquevaire. Elle détermine, pour les propriétaires riverains du canal, le droit d'arroser au moyen de l'eau dérivée de la rivière de l'Huveaune pour la mise en activité des moulins à blé et des usines ; 2° divers actes de vente passés en 1704 et 1705 entre M. de Beausset et divers propriétaires, portant, en faveur des propriétés qu'il leur désempare au quartier de l'Étoile, des concessions d'arrosage avec les eaux dérivées de l'Huveaune, principalement pour le fonctionnement des moulins de ce quartier.

A Auriol : 1° les règlements des 13 mai 1773 et 7 juin 1781 pour l'arrosage des terres, depuis le moulin de Redon jusqu'à la ville, sur la rive droite de l'Huveaune ; 2° le règlement du 17 septembre 1715 pour les terres de la rive gauche, au quartier de Cayol ; 3° le règlement du 30 octobre 1808, pour l'arrosage des terres sur la même rive, au quartier des Bas-Ortaux. Le curage des canaux incombe tantôt aux propriétaires de l'usine, tantôt aux propriétaires riverains.

A Roquevaire, pour le canal de Cabre, le curage du béal doit être opéré par les riverains dans la partie qui traverse leurs propriétés ; pour celui de l'Étoile, il est à la charge exclusive du propriétaire de l'usine.

A Auriol, le curage du canal, pour l'arrosage des terres de la rive droite de l'Huveaune, est à la charge du propriétaire du moulin, qui est propriétaire du canal. Quant à ceux qui arrosent les terres de la rive gauche, le curage se fait aux frais des propriétaires, en proportion de la contenance arrosée.

Canton d'Aubagne. — Il n'existe point de règlement pour le cours et l'usage des eaux, il n'y a pas non plus de coutume à cet égard. On s'en réfère aux dispositions du Code Napoléon, article 645.

Le curage des ruisseaux se fait à frais communs. Quant aux canaux d'arrosage, chaque propriétaire supporte les frais de curage, en proportion de la contenance arrosable.

Canton de La Ciotat. — Il n'y a pas de cours d'eau, et partant il n'existe aucun règlement ni aucun usage.

Arrondissement d'Aix.

Cantons d'Aix. — La rivière de l'Arc alimente de nombreux canaux qui servent à la mise en jeu de plusieurs moulins à blé et à l'arrosage des propriétés riveraines. Mais il n'existe aucun règlement qui fixe les droits et les obligations des propriétaires.

Les eaux dites des Pinchinats sont régies par deux règlements anciens, l'un est de 1639 et l'autre de 1763. Le premier, dans son article 4, indique la manière dont les propriétaires doivent prendre l'eau. Ils ne peuvent la prendre qu'en la forme de la *Butière* des anciens règlements, qui est un trou fait (ce sont les termes du règlement) à une pierre, trou de la grandeur de trois demi-quarts de pan de diamètre et d'un pan et demi-quart de pan de circonférence.

L'article 7 indique que les propriétaires des prés ne
pourront prendre l'eau que 48 heures par semaine, depuis
le lever du soleil du samedi jusqu'au lundi à pareille
heure, depuis la fête de Notre-Dame de février jusqu'au
jour de la fête de Notre-Dame d'août.

Le second règlement, celui de 1763, n'est relatif qu'à
la manière dont les moulins doivent prendre et rendre
les eaux.

Les eaux du ruisseau de la Torse servent aussi à l'arrosage de diverses propriétés et à la mise en activité de
quelques moulins. Les eaux servent à cinq propriétaires
différents. En 1814, les syndics du domaine des Infirme-
ries, auxquels se joignit la ville d'Aix, intentèrent une
action pour faire régler les droits de tous les intéressés.
Un jugement du tribunal civil d'Aix, en date du 13 février 1826 et un arrêt de la Cour royale du 30 août 1830
fixèrent les droits de chacun. Ce sont ces deux titres qui
continuent à être observés.

Cantons de Salon et d'Istres. — Les deux cantons possèdent deux canaux d'irrigation, ce sont : 1° le canal de
Craponne; 2° le canal de Boisgelin ou des Alpines.

1° Le canal de Craponne est régi par deux transactions
homologuées par arrêt du Parlement de Provence, l'une
à la date du 20 octobre 1571, notaire Catrebards, à Aix,
et l'autre du 16 février 1583, aux écritures du même
notaire. Ces transactions fixent les obligations et les droits
des propriétaires du canal, indiquent les dépenses qui sont
à la charge de l'OEuvre, qui est la réunion de tous les
copropriétaires du canal, et celles qui sont à la charge des

particuliers, en un mot, tout ce qui est nécessaire à la bonne administration des eaux.

Les arrosages ont lieu moyennant un prix convenu et fixé d'avance entre les propriétaires du canal et les particuliers. Ceux-ci arrosent à volonté, mais, en cas de pénurie d'eau, un eygadier règle l'arrosage de manière que tous les intéressés puissent avoir à leur tour la faculté d'arroser.

2° Le canal de Boisgelin ou des Alpines est aussi régi par des règlements particuliers : celui du 27 novembre 1786, qui est le règlement constitutif de la Compagnie des Alpines, et celui du 26 novembre 1811, sur la jouissance des eaux.

On trouve ces deux règlements rapportés *in extenso* dans l'ouvrage de M. le président Cappeau sur la Compagnie des Alpines.

Les arrosants sont divisés en deux catégories : les actionnaires, qui peuvent arroser gratuitement jusqu'à concurrence de 15 arpents de terre par action, pour les biens cultes et les pradelles, et de 10 charges par action pour les coussous, campas et biens incultes, comme le porte une délibération du 8 septembre 1787 ; les facultataires, qui achètent à la Compagnie les eaux qu'ils veulent employer à l'irrigation de leurs propriétés, à un prix fixé par le règlement. Ces derniers ne peuvent pas obliger la Compagnie à leur donner l'eau qui leur est nécessaire. Ils n'ont droit qu'au superflu des eaux des actionnaires. C'est ce qui est clairement indiqué dans l'article 6 du règlement de 1811. Dans le cas où ils ne peuvent pas arroser, ils ne doivent pas le prix fixé par le règlement.

Le curage des canaux de Craponne et des Alpines est

fait, pour les branches mères, par l'Œuvre et la Compagnie. Mais chaque arrosant doit curer son fossé particulier. Le règlement de l'Œuvre des Alpines de 1811, dans son article 3, soumet à une amende de 60 francs celui qui prend l'eau avant d'avoir curé son fossé particulier.

Les canaux de vidanges ou d'écoulement doivent être repurgés au moins tous les trois ans, aux frais de tous les propriétaires, en proportion de leur contenance. Les fossés sont entretenus par les riverains.

Canton de Lambesc. — Les eaux servant à l'arrosage ou à la mise en activité de certaines usines sont assez abondantes dans le canton. La commune de Lambesc possède une source, nommée aujourd'hui la *Bonne-Fontaine*, désignée dans les anciens titres sous le nom de *Grande-Fontaine*, *Fontaine-Vieille*. Une partie des eaux de cette source, servant à l'arrosage des jardins du quartier de la Salette, a pris le nom d'*Eau-de-la-Salette*.

Les versures de la Bonne-Fontaine servent de temps immémorial à l'arrosage des prés et des jardins au quartier de la Porte-d'Avignon. Elles donnèrent lieu pendant longtemps à de vives discussions entre les arrosants et les propriétaires des moulins inférieurs, qui prétendaient les déverser dans le béal des moulins à leur sortie de la Bonne-Fontaine. Ces contestations furent terminées par un rapport du 5 avril 1739, homologué par les juges d'attribution le 11 juillet 1741. Les principales dispositions de ce rapport consistent dans une distribution périodique et proportionnelle des eaux, selon la contenance que possède chacun des particuliers y ayant droit.

Le territoire de la commune de Lambesc est en outre traversé de l'est à l'ouest par les eaux dites de Concernade, qui prennent leur source dans le territoire de la commune de Rognes. Ces eaux servent, de toute ancienneté, à l'usage de huit moulins à blé et à l'irrigation des propriétés inférieures ayant une contenance d'environ 125 hectares. Un règlement du 9 octobre 1495 fixe les droits et les obligations de ceux qui veulent user des eaux. Aux termes de ce règlement, le riverain du fossé de Concernade, supérieurement au moulin de Notre-Dame-de-la-Rose, ne peut se servir des eaux. A partir de ce point, chacun doit arroser à tour de rôle. En 1541, un rapport en date du 10 juin, accueilli par sentence du 8 août suivant, fixa une amende qui serait encourue par ceux qui contreviendraient aux dispositions du règlement.

A partir du dernier moulin, les eaux pour l'arrosage sont distribuées par un eygadier.

Les eaux de la Touloubre, qui arrosent le territoire des communes de Saint-Cannat et de Lambesc, ont été l'objet d'un règlement en date du 7 août 1742. Aux termes de ce règlement, la réunion des ayants droit nomme deux syndics qui sont chargés de choisir un eygadier. Les arrosages commencent le 1er avril et finissent en octobre. Les particuliers ayant droit doivent attendre, pour arroser, que leur rang arrive et que l'eygadier mette lui-même l'eau nécessaire à l'arrosage. L'eygadier est chargé de constater les contraventions au règlement, qui sont punies d'une amende. L'article 15 du règlement exige que les particuliers tiennent leurs fossés d'irrigation en bon état, de manière à pouvoir contenir un moulan d'eau, sous peine d'être privés de leur arrosage à leur tour.

Les eaux de Touron ou de Notre-Dame, servant à l'irrigation, dans la commune de Saint-Cannat, sont réglementées par deux délibérations des 10 mars 1715 et 14 avril 1716, homologuées par arrêt du Parlement de Provence du 22 avril 1716. D'après ce règlement, l'eygadier nommé par les ayants droit est chargé de distribuer les eaux, et celui qui prend l'eau lui-même est soumis à une amende de 10 livres.

La commune de la Roque-d'Antheron, dans laquelle le canal de Craponne a sa prise sur la Durance, prend de l'eau à ce canal d'abord pour le biez d'un moulin à blé et pour l'arrosage de quelques prairies situées dans cette localité, ensuite par des *espaciers* qui la mènent dans d'autres terrains arrosés gratuitement, en vertu d'une transaction du 16 novembre 1556, qu'un arrêt de la Cour d'Aix, du 12 août 1845, a déclaré être toujours en vigueur.

Cette transaction autorise les habitants à prendre de l'eau à suffisance par tout le long du canal et tant qu'il se portera dans le territoire de la Roque, pour l'arrosage de leurs jardins et chenevières, tous les jours de la semaine, et de leurs prés et *devendues* [1], les lundi et vendredi de chaque semaine, du 1er mars au 1er novembre.

Il y a des limites indiquées pour déterminer l'espace dans lequel doivent se trouver les prés et devendues arrosables; et un second arrêt de la Cour d'Aix, du

---

[1] Jachères et terres en chaume non soumises à la vaine pâture, du provençal *devendua*, pour *défenduda*.

28 juin 1858, interprétatif du premier, prescrit la recherche de ces anciennes limites.

Canton de Gardanne. — Il existe un grand nombre de règlements ayant pour objet de fixer les droits des riverains sur le cours des eaux et le mode de prise de ces mêmes eaux. Voici en substance le résumé des principales dispositions :

Les parties intéressées prennent l'eau, à tour de rôle, un certain nombre d'heures par jour, en commençant par le plus élevé. Le temps de la prise d'eau est déterminé par le règlement même et est en rapport avec l'importance du sol arrosé. La prise d'eau commence au moment où l'eau entre dans le canal destiné à la conduire sur le sol arrosable, et finit à l'expiration du temps accordé à l'héritage.

En règle générale, les riverains d'un cours d'eau sont tenus au curage, quand ils en usent, et ce dans toute l'étendue de leur terrain bordé par l'eau. Si le canal est la propriété d'un particulier ou d'une compagnie, le propriétaire est seul tenu du curage ; alors les riverains doivent souffrir le passage des ouvriers et le dépôt momentané des déblais.

Canton de Berre. — Le canton possède plusieurs corporations d'arrosants, dont les syndics sont chargés de l'exécution des règlements qui existent en assez grand nombre. Ces règlements définissent le mode d'usage des eaux entre tous les coïntéressés réunis en associations territoriales, les moyens de police et de discipline mis à la disposition des syndics et la pénalité applicable dans le cas d'infraction aux prescriptions de ces mêmes règlements.

Les frais d'entretien du canal mère sont supportés par l'association tout entière. Ils sont couverts par des cotisations annuelles, qui sont votées chaque année en assemblée générale. Les curages annuels des canaux mères sont supportés par quelques co-usagers, qui sont soumis à ces obligations par leurs titres de concession. Chaque propriétaire est tenu au curage et à l'entretien des rigoles servant à distribuer les eaux dans les parcelles arrosables.

Canton de Peyrolles. — A Peyrolles, l'usage des eaux du moulin appartenant au représentant de l'ancien seigneur est régi par une transaction du 14 juin 1491, qui intervint pour terminer les contestations survenues entre le seigneur et les riverains du canal. Cette transaction porte que les eaux du moulin seront à l'usage des particuliers, depuis le mercredi à midi jusqu'au jeudi au soleil levé, et le samedi depuis midi jusqu'au lundi au soleil levé. Cet acte est le règlement d'arrosage pour les propriétés situées en amont du moulin.

En aval, les eaux se divisent en plusieurs canaux; les propriétaires riverains peuvent arroser leurs propriétés tous les jours, chacun à son tour. Pour maintenir le bon ordre, l'autorité locale nomme annuellement deux eygadiers chargés de surveiller l'arrosage de la partie confiée à leur garde. Les propriétaires qui veulent arroser leur jardinage peuvent prendre l'eau au moment où l'eygadier arrive sur leurs propriétés; s'ils le laissent passer, ils ne peuvent plus arroser jusqu'à ce que leur tour revienne. Cet usage remonte à plusieurs siècles. L'autorité locale, voulant le rendre stable, fit, à la date du 8 juillet 1835, un règlement, approuvé par M. le préfet des Bouches-du-Rhône, auquel tous les usagers se conforment.

A Jouques, les propriétaires riverains du ruisseau, soit en amont, soit en aval des moulins à farine, sont soumis, pour l'arrosage de leurs propriétés, à un règlement fait par le conseil général de la commune, le 5 juin 1791, approuvé par le directoire de district le 10 septembre suivant et puis par le directoire de département.

Ce règlement indique, dans son article 1er, qu'un pradier est chargé de surveiller les arrosages et tous les ouvrages qui y sont relatifs ; dans son article 3, que les eaux du ruisseau servent à l'arrosage depuis le samedi à midi jusqu'au lundi à la même heure, *depuis Notre-Dame de mars jusqu'à pareille fête de la mi-septembre.* Cet article 3 modifie la règle qui était suivie jusqu'alors, en vertu d'une délibération du conseil de la commune, du 8 juillet 1582, et qui ne permettait les arrosages que depuis le samedi à l'heure des vêpres jusqu'au lendemain dimanche à la même heure.

C'est le règlement de 1791 qui est encore aujourd'hui en vigueur.

Le canal de Peyrolles, qui arrose une partie considérable des communes de Peyrolles, de Meyrargues et du Puy-Sainte-Réparade, appartient à une compagnie qui l'a fait construire à ses frais et qui concède des arrosages moyennant une redevance déterminée entre la compagnie et les propriétaires.

Les canaux d'arrosage sont curés par les riverains, chacun dans la partie qui traverse sa propriété.

Pour le canal de Peyrolles, les frais de curage de la

branche mère sont supportés par la compagnie ; chaque arrosant cure son fossé d'irrigation.

Cantons de Martigues et de Trets. — Il n'y a dans ces deux cantons ni cours d'eau ni canaux d'irrigation, partant ni règlements ni usages.

Arrondissement d'Arles.

Cantons d'Arles. — Le canal de Craponne, branche d'Arles, et le canal de Langlade sont les seuls canaux d'irrigation que possède le territoire d'Arles. Ils sont régis tous les deux par des règlements particuliers.

Le canal de Craponne, branche d'Arles, indépendamment des transactions des 20 octobre 1571 et 20 février 1583, dont nous avons déjà parlé en nous occupant des cantons de Salon et d'Istres, est régi par un arrêté du préfet des Bouches-du-Rhône, en date du 31 mars 1812, approuvé par le ministre de l'intérieur le 5 septembre suivant. Ce dernier règlement a eu pour objet de changer la division des terres arrosables et les périodes des arrosages, à cause des changements survenus dans l'étendue des terrains arrosés avec l'eau du canal de Craponne. Ce règlement continue à être observé.

Le canal de Langlade est régi par l'acte constitutif du 10 octobre 1828 et le règlement du 14 avril 1833, dont les articles, votés par l'unanimité des associés ou par la majorité, ont été approuvés et rendus exécutoires par le préfet des Bouches-du-Rhône, le 30 octobre 1833.

Les dépenses annuelles de repurgement du canal et d'entretien des ouvrages d'art sont, d'après l'article 20 de ce règlement, supportées par les associés de la même manière que les dépenses du premier établissement, c'est-à-dire que chacun y contribue jusqu'à sa prise.

Canton de Tarascon. — Il n'y a ni règlements, ni usages sur la question qui nous occupe.

Les canaux de dessèchement sont repurgés par les soins de l'association, et la dépense est payée sur des rôles rendus exécutoires par M. le préfet des Bouches-du-Rhône.

Canton de Saint-Remy. — Il n'existe pas de règlements particuliers et locaux sur le cours et l'usage des eaux. La coutume seule règle cette matière, et cette coutume est que nul ne peut enlever les eaux à celui qui s'en sert jusqu'à ce qu'il ait fini d'arroser. Les canaux et les ruisseaux d'arrosage sont curés à frais communs.

Canton de Château-Renard. — Il n'existe dans le canton aucun règlement sur la matière qui nous occupe. La coutume est la seule règle suivie. Elle consiste en ce que chaque propriétaire arrose successivement en commençant par la prise, et ainsi de suite jusqu'au dernier en suivant le cours de l'eau.

Les ruisseaux qui longent les chemins sont curés par les riverains sur une publication du maire. Quant à ceux qui sont dans l'intérieur des terres, ils sont repurgés à frais communs par les propriétaires riverains.

Canton d'Orgon. — Il y a dans le canton plusieurs associations d'arrosants pourvues de règlements.

3

La première, à Orgon, fut fondée sous le nom de canal du Plan et de la Crau par actes des 20 février 1792 et 23 brumaire an XI. Elle avait un règlement approuvé par le préfet le 17 mai 1812. En 1855, on reconnut que ce règlement n'était plus en harmonie avec les besoins de la localité, et un nouveau règlement a été fait en assemblée générale. On reconnaît trois classes d'arrosage soumises à des taxes différentes, suivant le plus ou moins d'eau que chaque culture exige. La première comprend les prés et les prairies artificielles; la deuxième, les blés, les avoines, les vignes et les bosquets; la troisième, tout ce qui n'est pas compris dans les deux classes précédentes.

Le règlement défend de couper l'eau à l'arrosant inférieur avant qu'il ait fini d'arroser. Toutes les contraventions sont constatées par des gardes éclusiers.

La seconde association d'Orgon est *celle des arrosants de Bourdu*, qui se compose des propriétaires de ce quartier. Son règlement date de 1836. Elle est administrée par cinq syndics.

A Sénas, il existe trois associations d'arrosants :

La première, celle dite du Plan, a été créée en 1810, et son règlement est à la date du 17 juillet de la même année. Les propriétaires riverains du canal et de ses branches sont tenus de livrer sans indemnité, à l'endroit le plus commode et le moins dommageable, le passage de l'eau aux propriétaires inférieurs qui veulent mettre leurs terres à l'arrosage; cette condition est de *pacte exprès*.

L'arrosage commence par la terre la plus éloignée de la prise; en cas de pénurie d'eau, les syndics règlent les jours d'arrosage pour chaque quartier en proportion de son étendue.

Tous les propriétaires sont tenus de curer les fossés le long de leur propriété avant la fin de mars.

La seconde, l'association du Béal-du-Moulin, remonte à plusieurs siècles. Elle date de la création du moulin et du canal qui y amène l'eau de la Durance. Elle possédait un règlement ancien qui a été remplacé par un nouveau, d'après un arrêté du préfet, en date du 16 février 1856.

Le canal appartient au représentant de l'ancien seigneur. Suivant d'anciennes transactions, les habitants ont le droit de dériver du canal l'eau nécessaire à l'irrigation de leurs propriétés dans le voisinage du canal, moyennant le payement d'un tiers des frais d'entretien du canal, et des travaux parfois nécessaires pour y amener l'eau.

La troisième association, celle des Sigauds, a aussi un règlement qui contient des dispositions analogues à celles des deux règlements dont nous venons de nous occuper.

La commune de Saint-Andiol a une association d'arrosants. Les habitants de la commune ont l'usage des eaux d'un canal appartenant au représentant de l'ancien seigneur. Les droits respectifs du propriétaire et des usagers sont réglés par des transactions et par diverses délibérations.

La continuation du canal des Alpines a fourni l'eau aux communes de Mollégés et d'Eygalières. Il ne s'est pas encore formé d'association; il n'y a pas non plus de règlement.

Canton d'Eyguières. — Les canaux de Craponne et de Boisgelin ou des Alpines arrosent le canton d'Eyguières, nous renvoyons, pour les règlements qui les régissent, à ce que nous avons exposé, en nous occupant des cantons de Salon et d'Istres. Les associations d'arrosants du *Fossé-Meyrol* et de la *Grande-Ravine*, situés dans la commune d'Eyguières, ont des règlements particuliers, approuvés par l'autorité administrative. Il en est de même de l'association *des Lounes* pour la commune d'Allein.

Le curage des canaux est à la charge des associations d'arrosants, mais celui des petites rigoles est à la charge des riverains.

Canton des Saintes-Maries. — Le canal de la Roubine, qui est le seul que possède le canton, a été créé dans le but de donner à la population du chef-lieu l'eau nécessaire à son alimentation. Il est réglementé par des décrets des 4 prairial an XIII et 15 mai 1813, qui instituent un syndicat chargé de veiller à l'entretien de ce canal.

—

SECTION II. — DU BORNAGE.

(Art. 546 Cod. Nap.)

Quel est le mode de bornage usité dans le pays ?

Le bornage a pour but de fixer d'une manière certaine les limites qui séparent deux héritages contigus, afin de bien constater le point où chacun d'eux commence et finit. Ce droit, qui est inhérent à la propriété même, est aussi ancien qu'elle : *Dominia distincta; agris termini positi* (loi 5 , Dig. *de justitiâ et jure*). Il a pour conséquence de faire cesser l'inexactitude et la confusion des limites entre propriétaires voisins, et d'arrêter un grand nombre de difficultés et de procès. Aussi, de tout temps, les bornes ont été l'objet du respect de tous les peuples. Les Romains en faisaient des dieux.

Le droit de demander le bornage est imprescriptible. Il peut être exercé en tout temps. Il intéresse la tranquillité, l'harmonie des relations du voisinage, et, comme conséquence, l'ordre public; on ne peut donc pas y renoncer.

La disposition du Code Napoléon, relative au bornage, semble complètement étrangère aux servitudes foncières, car il n'y a, après comme avant le bornage, aucun assujettissement réel d'un héritage en faveur d'un autre. C'est l'accomplissement d'une obligation que la loi impose à chaque propriétaire. Pourtant on peut dire, pour expliquer la place de l'article relatif au bornage, au chapitre *des servitudes qui dérivent de la situation des lieux,* que cette obligation, imposée aux propriétaires, constitue de chaque côté, activement et passivement, un attribut réel de la propriété, qui est bien une conséquence de la situation des lieux.

Le Code Napoléon, en édictant que tout propriétaire peut obliger son voisin au bornage de leurs propriétés et en n'indiquant pas la manière d'effectuer le bornage, se réfère implicitement sur ce point aux usages locaux.

Arrondissements de Marseille, d'Aix et d'Arles.

Le mode de bornage le plus usité dans le département consiste à placer de distance en distance, sur la limite des propriétés contiguës, des pierres alongées, dont partie est enfouie dans le sol, et partie fait saillie au-dehors. Au-dessous de ces pierres, on place une brique brisée avec

soin en trois ou quatre morceaux, qui doivent se rajuster
entre eux. Ces morceaux sont les témoins indispensables
de la borne; le droit français les appelle *garans*, *per-*
driaux, *filleules*; en Provence, on les nomme *agachons*.

Voici comment s'exprime, sur ce point, Bomy, dans son
Recueil de quelques coutumes de Provence, chapitre XV,
folio 38, édition de 1665 : «Pour faire un terme, il faut
« trois pierres, la grande est terminale, et deux agachons
« pour le moins, et ne suffirait que ladite pierre termi-
« nale fût accompagnée d'un seul agachon; car comme
« un seul témoin ne vérifie rien en justice, de même un
« seul agachon, qui n'est qu'un seul témoin de ladite
« pierre terminale, n'est bastant pour vérifier qu'elle soit
« terme.

« Les agachons sont appelés de ce nom, d'autant qu'en-
« tre deux limites, parties ou confins, ils vont regardant
« un autre terme qui est directement planté à l'opposite.

« Et encore qu'une grande pierre soit accompagnée de
« deux agachons, ils ne vérifient pas pourtant que ladite
« grande pierre soit terme, si lesdits deux agachons ne
« sont frères, bien accordans, loyaux et véritables.

« Or les agachons qui sont appliqués sous terre, aux
« côtés de ladite grande pierre, sont frères, bien accor-
« dans, loyaux et véritables, lorsqu'étant tous partis
« d'une même pierre brisée en autant de parts qu'il y a
« d'agachons, ils se joignent, accordent et accolent cha-
« cun sur la jointure de sa rupture, en sorte que cela fait
« voir à l'œil qu'ils ont été autrefois unis et n'ont fait
« qu'un même corps avant leur brisement... Les agachons
« se doivent tous mettre en terre, aux côtés du terme,
« ayant leur rupture en bas, de peur qu'arrivant le cas

« qu'il fallût à l'avenir déchausser le terme, pour icelui
« reconnaître et vérifier, on offensât et brisât ladite rup-
« ture qui donne foi et créance aux agachons. » (Du livre
des Termes, exemplaire in-folio, partie 2, chapitre 2,
folios 60 et suivants.)

On fait quelquefois une croix à l'extrémité de la borne,
pour indiquer la direction des lignes divisoires.

Dans quelques cantons, il y a d'autres signes de bornages, ce sont : à Aix, à Berre et à Martigues, les croix
sur les rochers, les murailles, les vestiges de murs, les
rives, les fossés, les doubles rangées d'arbres ou de vignes,
les bancs de rochers, les tertres, les rivières, vallats et
ravins, les pieds cormiers, enfin les eaux pendantes dans
les collines ou crêtes; à Gardanne, les croix sur les rochers, lorsqu'il est impossible de planter des bornes; à
Istres, sur les terrains de la Crau, les amas de cailloux,
désignés sous le nom de clapiers, qui sont généralement
mitoyens et servent de bornes.

Observation de la Commission centrale. — Souvent, dans les
bornages, on se contente de planter les bornes, mais si, par hasard
ou par malveillance, ces bornes viennent à disparaître, les propriétaires contigus sont exposés à des contestations souvent fort coû-
teuses pour un objet de peu de valeur. La prudence commanderait
de faire dresser, soit par le juge de paix, soit par le notaire, un
procès-verbal constatant les opérations qui ont eu lieu, et indiquant
les distances à laquelle les bornes ont été placées les unes des autres.

SECTION III. — DE LA CLÔTURE DANS LES VILLES ET FAUBOURGS.

(Art. 663 Cod. Nap.)

Quelles sont, dans le département, les Communes qui
doivent être réputées villes, d'après le nombre des habitants, l'importance des maisons, des affaires et des
établissements publics? Qu'entend-on par faubourgs?
Quel est le mode de clôture usité pour les maisons, cours
et jardins dans les villes et faubourgs ? Cette clôture est-
elle faite avec un mur en maçonnerie, en pierres sèches
ou en palissades ? Existe-t-il un usage constant et reconnu
qui détermine la hauteur de la clôture ? [1]

La sûreté des personnes et des propriétés, dans les lieux
où la population est agglomérée, est exposée à de grands
risques. L'intérêt public exigeait donc que l'on pût prendre
de plus grandes précautions pour séparer sa propriété de
celle du voisin, d'une manière utile et complète. C'est

---

[1] La contribution à la clôture commune a donné lieu à des interpréta-
tions bien différentes. On s'est demandé si l'un des propriétaires voisins
peut s'exonérer de la charge que lui impose l'article 663 du Code Napoléon,
en abandonnant à son voisin le droit qu'il a à la mitoyenneté du mur et
du fonds sur lequel il est bâti, en usant de la faculté édictée par l'art. 656
du même Code. Les auteurs et la jurisprudence se sont divisés. Les uns
soutiennent que la servitude établie par l'article 663 est d'ordre public,
et qu'on ne peut, par aucun moyen, s'en exonérer ; d'autres soutiennent
que cet article n'a pas dérogé au principe général posé par l'article 656.
La Cour suprême a adopté cette dernière opinion. On peut consulter sur
cette question toutes les autorités indiquées dans l'un et l'autre sens, au
Code annoté de Gilbert, art. 656, not. 1 et suiv., et de plus l'opinion de
Demolombe, *Traité des Servitudes*, t. 1, pag. 247 et suiv., qui adopte la
première solution ; Massé et Vergé, sur Zacharie, t. 2, § 526, not. 5, et
un arrêt de la Cour de Bordeaux du 14 juin 1855 (S., V. 55, 2, 640), qui
adoptent l'opinion consacrée par la Cour de cassation.

dans ce but que le législateur a établi que dans les villes
et les faubourgs la clôture pourrait être exigée entre voisins, tout en laissant les habitants entre eux libres d'agir
suivant leur convenance particulière. Le législateur s'est,
sans doute, aussi proposé un autre but, celui de protéger
le secret de la vie intérieure et de famille, de diminuer le
plus possible les querelles entre voisins, qui sont si fré-
quentes dans les localités où les habitations se pressent
et se touchent.

Ces précautions étaient bien moins nécessaires dans les
lieux qui ne renferment qu'un petit nombre de maisons.
Aussi le législateur, pour empêcher qu'un propriétaire
capricieux, désirant se clore pour son agrément personnel, ne pût imposer une charge très onéreuse à son voisin
et sans aucune utilité, n'a-t-il soumis à cette obligation
de la contribution de la clôture que les habitants des
villes et des faubourgs.

Qu'entend-on par ville? La question à résoudre est une
question d'appréciation. On doit prendre en considération
le nombre des habitants, l'importance des affaires et des
établissements publics. Ne pourrait-on pas aussi, pour se
guider dans cette appréciation, prendre pour base l'article 7 de la loi du 8 juillet 1852, qui dispose que, dans
les communes, chefs-lieux de département et d'arrondissement, et dans celles qui ont une population de
3,000 âmes, la nomination des maires et adjoints sera
faite par l'Empereur lui-même. Cette base a paru à la
commission centrale assez sérieuse, surtout si l'on se
rappelle que le projet du Code Napoléon, dans son livre 2,
titre IV, § 1er, article 15, portait : « Dans les villes et
« communes dont la population excède trois mille âmes,

« les copropriétaires des murs mitoyens ne peuvent se
« dispenser de contribuer à leur réparation, en aban-
« donnant leurs droits de mitoyenneté. » On le voit, le
législateur avait pris pour base unique la population. La
commission centrale croit que la population d'une commune doit être prise en très grande considération, mais
qu'il faut tenir aussi compte de l'importance des affaires
pour décider si une commune doit, d'après l'article 663
du Code Napoléon, être réputée ville.

Voici quelles sont les communes que la commission
centrale a cru pouvoir classer au rang de ville dans le
département.

Arrondissement de Marseille.

Marseille, Aubagne, Roquevaire, La Ciotat et Auriol.

Arrondissement d'Aix.

Aix, Martigues, Salon, Lambesc, Gardanne, Istres.

Arrondissement d'Arles.

Arles, Tarascon, Saint-Remy, Châteaurenard, Orgon,
Eyguières.

Les faubourgs, soumis à la clôture par notre article 663, consistent dans la continuité des maisons et de
leurs dépendances en dehors des barrières d'une ville.
C'est ainsi que l'a décidé un arrêt de la Cour de Limoges,
du 26 mai 1838. Au reste, sur cette question, comme
sur la première que nous venons d'examiner, les juges
ont un pouvoir souverain, et leur appréciation échappe
à la censure de la Cour de cassation, ainsi qu'elle l'a jugé
dans un arrêt du 10 mars 1829 (D., 1829, i. 173).

4

Arrondissement de Marseille.

Cantons de Marseille. — Le mode de clôture usité pour les cours et jardins est le mur en maçonnerie ; dans l'usage, il est construit avec des moellons et de la terre au lieu de mortier, il est ensuite crépi avec deux enduits de mortier ; dans certains quartiers rocailleux, l'usage est de se clore avec des murs en pierres sèches. Les palissades ne sont employées que pour clore momentanément des terrains visant sur la voie publique.

Les murs en maçonnerie ont, d'après l'usage, une hauteur de deux mètres cinquante centimètres (10 pans) ; cette hauteur était celle édictée par la coutume de Provence, ainsi que l'atteste Bomy, chapitre 10, folio 29. Les murs en pierres sèches ont une hauteur qui varie de un mètre cinquante centimètres à deux mètres.

Canton de Roqueraire. — Ce sont des murs en maçonnerie, dont l'usage ne détermine pas la hauteur, qui forment les clôtures des maisons, cours et jardins.

Observation de la Commission centrale. — La hauteur fixée par la coutume de Provence à deux mètres cinquante centimètres doit être observée, puisque l'article 663 s'en réfère aux règlements particuliers, ou aux usages constants et reconnus lors de la promulgation du Code Napoléon.

Cantons d'Aubagne et de La Ciotat. — Les clôtures sont en maçonnerie, et leur hauteur varie de deux mètres à deux mètres cinquante centimètres.

Arrondissement d'Aix

Cantons d'Aix, d'Istres et de Gardanne. — Les murs de clôture se font toujours en maçonnerie. Ils ont une hauteur que l'usage, conforme à la coutume de Provence, a fixée à deux mètres cinquante centimètres (10 pans).

Cantons de Salon et de Martigues. — Dans ces deux cantons, les murs de clôture, qui sont toujours en maçonnerie, ont, d'après l'usage, une hauteur de vingt-six décimètres, qui est celle adoptée par l'article 663 du Code Napoléon.

Canton de Lambesc. — L'usage fixe à trois mètres ou trois mètres cinquante centimètres la hauteur des clôtures qui sont en maçonnerie.

Observation de la Commission centrale. — L'usage suivi à Lambesc est contraire à la règle. Il faut adopter ou la hauteur fixée par la coutume de Provence, qui est de deux mètres cinquante centimètres, ou celle fixée par l'article 663, pour les villes de moins de cinquante mille âmes, qui est de vingt-six décimètres.

Dans les cantons de Trets, de Berre et de Peyrolles, il n'y a pas de commune assez importante pour qu'on puisse exiger l'application de l'article 663, et partant pas d'usage relatif à la question que nous examinons.

Arrondissement d'Arles.

Cantons d'Arles et de Château-Renard. — Les clôtures se

font en maçonnerie, leur hauteur n'est pas déterminée par l'usage.

Observation de la Commission centrale. — Les murs de clôture doivent avoir la hauteur fixée par la coutume de Provence, c'est-à-dire deux mètres cinquante centimètres (10 pans).

Canton de Tarascon. — La hauteur des murs de clôture qui sont en maçonnerie est fixée à deux mètres cinquante centimètres.

Cantons de Saint-Remy, d'Orgon et d'Eyguières. — Les murs de clôture sont ordinairement en maçonnerie, rarement en pierres sèches, leur hauteur est fixée par l'usage à trois mètres.

Observation de la Commission centrale. — L'usage suivi est contraire à l'article 663. La coutume de Provence, qui devait y être observée avant le Code, ne fixait la hauteur qu'à deux mètres cinquante centimètres, l'article 663 ne la fixe qu'à vingt-six décimètres. On ne peut donc exiger une hauteur de trois mètres, qui n'est conforme ni à la coutume ni à la loi.

Canton des Saintes-Maries. — Il n'y a pas dans le canton d'agglomération d'habitants assez importante pour que l'article 663 du Code Napoléon soit appliqué.

—

SECTION IV. — DE L'ENTRETIEN ET DE LA RÉPARATION DES CHOSES COMMUNES.

(Art. 664 Cod. Nap.)

Dans le département, lorsque les différents étages d'une maison appartiennent à divers propriétaires, qu'elles sont les diverses règles de réparation et de construction, autres que les règles générales de l'article 664 du Code Napoléon ?

Arrondissements de Marseille, d'Aix et d'Arles.

Dans les agglomérations rurales des trois arrondissements, il n'est pas rare de voir un assez grand nombre de maisons dont différents étages appartiennent à divers propriétaires. Cet état de division prend très souvent son origine dans le partage fait par le père de famille, de tous ses biens à ses enfants, à chacun desquels il a voulu donner aussi une partie de la maison paternelle. Ces parties de maisons se transmettent ainsi par succession ou autrement, et la division de propriété continue à subsister.

Le Code Napoléon indique bien dans l'article 664 les principales règles à suivre, mais il est des lacunes nombreuses que l'on doit combler en suivant la coutume la plus générale. Les diverses commissions cantonales n'ont pas indiqué d'usages particuliers. La commission centrale a cru devoir poser des règles que la raison indique et que l'usage a consacrées.

Le passage commun doit être à la charge commune, et partant les réparations nécessaires doivent être faites par chacun des ayants droit, dans la proportion de la valeur de la partie de l'immeuble qu'il possède. Il y a donc lieu en pareil cas de faire une *ventilation*. On peut en dire autant des puits, des fosses d'aisance et des portes, qui servent également à l'usage de tous les propriétaires de la maison. Quant aux caves, celui qui les possède construit et entretient les murs, contre-murs et voûtes; si elles sont communes, toutes les réparations doivent se faire à frais communs.

L'impôt foncier est une charge commune. L'impôt des portes et fenêtres est au contraire une charge particulière qui doit être supportée par chacun de ceux dans les étages desquels elles se trouvent.

Les frais d'étayement, s'il faut en faire, doivent être à la charge du propriétaire qui est chargé de réparer le plancher sur lequel il marche, car ils font partie de cette réparation.

—

SECTION V. — DU DROIT DE PARCOURS ET DE VAINE PATURE.

(Art. 2, sect. IV, loi du 28 septembre 1791 et Art. 3 de la même loi.)

Le droit de parcours et de vaine pâture est-il reconnu? S'exerce-t-il réciproquement entre tous les propriétaires ou seulement sur les propriétés communales? Dans ce dernier cas, quelque conseil municipal a-t-il fait un règlement particulier sur l'exercice de ce droit?

La vaine pâture est le droit qu'ont les habitants d'une commune de faire paître leurs troupeaux sur les terres les uns des autres, lorsqu'il n'y a ni fruits ni semences.

On l'appelle *vaine pâture*, par opposition à la grasse ou
vive pâture que les habitants exercent sur les prairies,
landes, marais ou bruyères appartenant à la commune
ou assujettis dans leur intérêt à un droit exclusif de pâturage. C'est un droit qui par son origine et sa nature ne
doit pas nuire, notablement du moins, aux propriétaires :
*Dicitur vana pastura quia nullum damnum affert prædiis
servientibus* (Chassagne, *Coutumes de Bourgogne*).

Le parcours est le droit qu'ont plusieurs communes
voisines, de conduire réciproquement leurs troupeaux en
vaine pâture sur le territoire les unes des autres.

Arrondissement de Marseille.

Les droits de parcours et de vaine pâture ne sont reconnus dans aucuns des cantons de l'arrondissement.

Arrondissement d'Aix.

Ces droits ne sont pas exercés dans les cantons d'Aix, de
Martigues, de Lambesc, de Trest, de Berre, de Gardanne
et de Peyrolles. Dans les trois derniers cantons, il existe
pourtant un usage qui a assez de rapport avec la vaine
pâture. Les habitants des communes sont autorisés par
l'usage à envoyer leurs troupeaux dépaître dans les communaux, moyennant une redevance annuelle par tête de
bétail, fixée par l'administration municipale, et cela dans
le but d'en retirer un produit.

Cantons de Salon et d'Istres. — La vaine pâture s'exerce
dans la partie du territoire de ces deux cantons, désignée
sous le nom de *Crau de Salon* et *Crau d'Istres*, à partir de

la mi-carême jusqu'à la Saint-Michel (29 septembre).
Ce genre de dépaissance existe de toute ancienneté, et dérive d'une convention tacite qu'un usage général et constant
a conservée à travers les siècles.

On en trouve la preuve écrite, pour la *Crau de Salon*,
dans un acte de vente d'un coussou passé par la commune
de Salon en 1602, où on déclare excepter de la vente le
relargage que les habitants y ont eu de tout temps pour
leur bétail, suivant la coutume. Deux arrêts du conseil, en
date de 1723 et 1724, font aussi mention de ce droit de
vaine pâture en faveur des habitants de la commune de
Salon.

Dans ce dernier temps, le propriétaire d'un coussou de
la *Crau de Salon* ayant défriché sa propriété et voulant
empêcher les habitants de Salon de mener dépaître leurs
troupeaux chez lui, un procès s'engagea, et la Cour d'Aix,
par un arrêt à la date du 9 mars 1854 (S. V. 1855. 2. 765),
en reconnaissant que les cultures faites par le propriétaire
l'exonéraient du droit de vaine pâture, a consacré l'existence de cet usage immémorial en faveur des habitants de
la commune de Salon.

Arrondissement d'Arles.

Cantons d'Arles. — Il n'existe aucun droit de parcours
et de vaine pâture proprement dit, s'exerçant réciproquement entre les propriétaires ou sur les communaux,
mais il existe, dans la partie du territoire appelée la *Crau
d'Arles*, le droit d'*Esplèche* qui s'en rapproche beaucoup.

On nomme *esplèche* la faculté qu'ont les habitants de la
commune d'Arles de couper du bois bas et de mener dé-

paître les troupeaux depuis la mi-carême jusqu'à la Saint-Michel (29 septembre) dans la Crau, sauf quelques exceptions.

La Crau est une plaine immense qui s'étend à l'Est de la ville d'Arles, et qui est couverte de cailloux roulés, entre lesquels croît une herbe courte mais très substantielle, et très propre à la nourriture des bestiaux.

L'origine de l'esplèche se perd dans la nuit des temps. Elle paraît dériver de ce qu'en principe la Crau en entier appartenait à la commune d'Arles, non-seulement en juridiction, mais encore en toute propriété. A mesure que la ville d'Arles aliénait quelques parties de la *Crau*, elle avait soin de retenir en réserve, au profit de ses habitants, la faculté de pâturer et de lignerer, imposant aux nouveaux possesseurs l'obligation de souffrir l'exercice de cette servitude. L'existence de cette faculté avait son principe dans une idée de justice et de bienfaisance. La *Crau*, en effet, ne produit entre ses cailloux roulés qu'une herbe fine, que le museau pointu des brebis peut seul atteindre. Cette herbe est abondante en hiver, mais en été elle se sèche, et cette vaste plaine n'est plus propre à nourrir la même quantité de bestiaux. C'est ce qui est cause que dès le printemps les troupeaux partent pour aller passer l'été dans les Alpes et ne revenir qu'en automne.

Il ne reste en *Crau* que les petits troupeaux des propriétaires qui ne peuvent faire la dépense de l'émigration, et qui ne trouvent pas dans leurs coussous de quoi les alimenter.

C'est pour qu'ils puissent se nourrir dans une communauté d'espace que le droit d'*esplèche* aurait été créé.

La ville d'Arles ne peut produire le titre originaire

constitutif de ce droit. Aussi, de tout temps, lui a-t-il été
contesté par différents propriétaires. La commune croit en
trouver la justification dans plusieurs titres très anciens.
Elle cite notamment une charte de 1225 et les procès-
verbaux de vente et de mensuration qui la suivirent. Ce
droit, d'après la ville d'Arles, a été formellement réservé
dans tous les actes publics et solennels intervenus entre
la république d'Arles et les souverains auxquels cette
cité s'est assujettie, notamment dans le traité de 1251,
entre la république d'Arles et Charles d'Anjou, art. 20;
et dans le traité de 1385, entre la ville et Louis II, roi
de Jérusalem, art. 2 et 19.

Ce droit, si souvent contesté, a donné lieu à de nombreux procès qui ont amené plusieurs décisions judiciaires
qui l'ont reconnu. On peut citer les arrêts du Parlement
de Toulouse des 11 et 21 mai 1621; 2 août 1625 et 11 février 1637. L'arrêt de 1621 indique quelles sont les parties
du territoire de la Crau où le droit d'*esplèche* ne peut pas
s'exercer. Ce sont les terrains du ténement de Lebrate,
dont l'archevêque d'Arles a la propriété, et ceux des
quatre chapelles dites de Saint-Martin-de-la-Palud, Saint-
Hippolyte-de-Laval, de Notre-Dame-de-Loule et de Saint-
Pierre-de-Galignen, appartenant au chapitre d'Arles.

Dans ces derniers temps, le droit d'esplèche en faveur
de la ville d'Arles ayant été contesté de nouveau, il a été
reconnu et consacré par trois arrêts de la Cour d'Aix. Le
premier, à la date du 29 juillet 1841, a été confirmé par
la Cour de cassation le 8 juillet 1844. Le second est à la
date du 23 juillet 1845; et le troisième, du 30 janvier 1857, proclame, avec plus de force encore, l'existence de ce droit.

Nous croyons devoir reproduire cet arrêt remarquable, qui juge toutes les questions qui peuvent se présenter relativement à l'esplèche.

« Attendu que le droit d'esplèche, ou soit le droit de pâturage et de bûcherage sur les *Coussouls* de la Crau, depuis la mi-carême jusqu'à la Saint-Michel, est établi en faveur des habitants d'Arles par d'anciens titres très nombreux et une possession immémoriale qui, dans ces derniers temps, ont servi de base à plusieurs arrêts de la Cour d'Aix, reconnaissant et consacrant cet antique droit ;

« Que les plus importants de ces titres sont : 1° un arrêt émané du Parlement de Toulouse en 1621, qui proclame solennellement les droits de la Commune sur tout le territoire de la Crau d'Arles, hors des limites des Quatre-Chapelles, appartenant au chapitre de Saint-Trophime, et du ténement de Lebrate, propre à l'Archevêque ; 2° un arrêt du même Parlement, du 10 avril 1656, interprétatif du précédent, qui déclare maintenir le droit d'esplèche, depuis la mi-carême jusqu'à la Saint-Michel, en faveur de tous les habitants d'Arles ;

« Qu'il est certain que plus tard la Commune, en aliénant, par divers actes de collocation, des portions de sa propriété appelées *Cartons* ou *Coussouls*, a toujours réservé l'esplèche pour ses habitants, au moyen de la clause suivante : « Ains sera permis aux habitants « de faire du bois pour leur usage tant seulement, et de mener « paître leur bétail dans ledit Carton, depuis la mi-carême jusqu'à « la Saint-Michel ;

« Attendu qu'il est également certain que ces titres ont constamment reçu jusqu'à ce jour leur pleine et entière exécution, sauf la récente résistance de trois ou quatre particuliers que les arrêts de la Cour d'Aix ont condamnés à subir l'esplèche ;

« Que, dès-lors, en admettant même que l'esplèche ne constitue qu'une servitude discontinue en faveur des habitants d'Arles, *ut singuli*, on ne saurait opposer à son exercice les dispositions des articles 688 et 691 du Code Napoléon, d'après lesquels ces servitudes ne peuvent s'acquérir et se prouver que par titres, puisque l'esplèche dérive de titres formels, et que, à défaut de titres, elle aurait son légitime fondement dans la possession immémoriale, acquisitive d'une pareille servitude, avant le Code Napoléon ; que cette longue possession, dont l'origine se perd dans la nuit des temps, est par-

faitement établie au procès par une foule de vieux documents histo-
riques et judiciaires qui en font une vérité incontestable, sans qu'il
soit nécessaire de recourir à aucun autre genre de preuve ;

« Attendu que les propriétés des sieurs Lurin et consorts sont
situées dans la Crau d'Arles, hors des limites des terrains les seuls
exemptés de l'esplèche par l'arrêt précité de 1621 ; qu'elles sont
donc assujetties à ce droit des habitants, à moins de justification
contraire à la charge des intimés, qui attaquent des adversaires
pourvus de titres, en vertu desquels l'esplèche doit s'exercer sur
tout le reste du territoire de la Crau ;

« Que loin de fournir cette justification, les actes produits établis-
sent plutôt que les terres des intimés dépendent des anciennes inféodations faites à des particuliers par l'archevêque ou le Chapitre
d'Arles, antérieurement au 9 juin 1561, inféodations que l'arrêt du
parlement de Toulouse de 1621 n'avait maintenues en leur force et
vigueur qu'en les replaçant sous l'empire du droit d'esplèche ;

« Attendu que, en présence de cette origine bien démontrée des
coussouls de Lurin et consorts, ceux-ci doivent renoncer à prétendre
que la propriété a passé pleine et entière de la Commune à eux par
le moyen de la prescription, et que, derniers acquéreurs avec titre
et bonne foi, ils peuvent opposer l'article 2265 du Code Napoléon à
l'ancien propriétaire dépossédé ;

« Que, en effet, ce moyen leur échappe alors qu'ils sont obligés de
reconnaître que de leur titre primordial, titre qu'ils ne peuvent être
censés avoir ignoré, il résulte que la propriété n'a été maintenue en
leur faveur, ou soit en faveur de leurs auteurs, qu'à la charge de
supporter l'esplèche, après quoi il n'a été nullement nécessaire à la
conservation de ce droit connu de tous qu'il fût mentionné dans
les actes postérieurs, translatifs de la propriété des coussouls y
assujettis ;

« Que le jugement du 15 décembre 1826, dont se prévalent Lurin
et consorts, n'a rien décidé de contraire, puisqu'on n'y examine la
portée de leurs actes d'acquisition des 29 mars 1783, 19 février 1811
et 20 septembre 1813 qu'au point de vue du bornage à opérer entre
eux et la Commune propriétaire de terrains limitrophes ;

« Attendu que les intimés ne sauraient invoquer avec plus de
succès l'article 2262 du Code Napoléon pour prétendre que le droit
contesté se serait éteint par le non-usage pendant trente ans ;

« Qu'à cet égard, il ne faut pas confondre le droit d'esplèche,
s'exerçant de la mi-carême à la Saint-Michel et appartenant à tous

les habitants, *ut singuli*, avec le droit de faire dépaître et de vendre
les herbes depuis la Saint-Michel jusqu'à la mi-carême, — établi au
profit de la communauté ou du corps moral, ne pouvant être exercé
que par le Maire, dans l'intérêt de tous et au profit de la caisse
municipale ; que si ce dernier droit, qui constitue une espèce de
démembrement de la propriété, une fraction du domaine utile maintenue en faveur de la Commune au préjudice des emphytéotes des
terrains inféodés avant l'arrêt du 9 juin 1561, était soumis aux effets
de la prescription extinctive ; s'il fallait admettre qu'une jouissance
absolue et sans partage, abandonnée aux successeurs des emphytéotes pendant trente ans consécutifs, dût entraîner la perte de la
copropriété de la Commune, il en serait autrement du droit d'esplèche, attribué aux habitants, *ut singuli*, — et cela pour deux motifs :
1° parce que c'est un droit général et mutuel de tous contre tous,
établi sur tout le territoire de la Crau, et ne se manifestant que par
le fait individuel de ceux qui veulent en user ; de sorte qu'on ne
peut pas dire qu'il soit abandonné tant qu'il est exercé par quelqu'un
sur un point quelconque du territoire assujetti, et qu'aucun propriétaire ne pourrait se prévaloir, pour s'en affranchir, de ce que
son coussoul en particulier serait resté plus ou moins longtemps sans
en subir l'exercice ;

« 2° Parce que l'esplèche n'est qu'une pure faculté concédée à la
généralité des habitants, lesquels sont libres d'en user si bon leur
semble, sans avoir aucune formalité préalable à remplir auprès des
propriétaires de la Crau, d'où il suit que, comme droit facultatif, il
est imprescriptible tant qu'il n'est pas mis en question par un acte
contradictoire, une résistance formelle de la part des possédants
bien, d'après la maxime : *Posse ire non jus sed facultas, et præ-
scribi non possunt ea quæ meræ sunt facultatis ;*

« Que, en fait, il n'y a eu de contradiction au droit d'esplèche, de
la part de Lurin et consorts, que dans ces derniers temps, au sujet
des actes de dépaissance qui ont amené le procès actuel ; le jugement
obtenu le 8 février 1816, par Noguier, un de leurs auteurs, ne se
rapportant qu'à un acte de dépaissance exercé en dehors du temps
où l'esplèche a lieu ;

« Que par conséquent il est inutile de recourir à la preuve que la
commune a subsidiairement demandé à faire ;

« Attendu que les intimés seraient mieux fondés à se prévaloir du
défrichement de leurs terres, puisqu'il est reconnu par toutes les
parties et conforme d'ailleurs aux principes de la matière que le dé-

frichement affranchit de l'esplèche ; mais à la charge par eux de justifier d'un défrichement complet et définitif, tel qu'il est indiqué dans la délibération de la ville d'Arles, du 23 novembre 1759, relative aux patis de Moulès, où il est dit, article 4 : « Les terres défensables, « où l'esplèche ne pourra avoir lieu, seront les terres qui se trou- « veront complantées contiguëment en oliviers, mûriers, amandiers, « prairies et vignes, ou qui seront mises en culture et ensemencées, « et le bétail ne pourra entrer dans les terres qui seront semées que « huit jours après que le blé aura été coupé ; »

« Qu'il résulte de cette énonciation qu'une culture superficielle et transitoire n'opère point l'affranchissement, et qu'ainsi un coussoul, n'ayant reçu qu'une semence en blé, retombe sous l'exercice de l'esplèche, une fois la récolte terminée, comme le veut, au surplus, la loi générale, quand elle s'occupe de la vaine pâture, article 22, titre II du décret du 28 septembre 1791.

« Attendu que, en l'état, si l'on consulte le document le plus récent et le plus étendu produit par les intimés, l'expertise intervenue d'autorité de justice, le 1er juin 1834, entre la dame Martinand et les créanciers de Lurin fils, on n'arrive qu'à la preuve d'un défriche- ment partiel et incomplet de leurs coussouls, ne consistant, la plu- part du temps, qu'en une culture restreinte et passagère, destinée à produire une ou deux récoltes de blé ; que, dès-lors, ils ne justifient pas encore suffisamment d'une culture propre à opérer l'affranchis- sement de toutes leurs terres ;

« Attendu, néanmoins, que leur résistance à l'exercice du droit d'esplèche, bien qu'injuste et mal fondée, ne paraît pas avoir jusqu'à présent causé à la commune d'Arles un dommage assez grave pour exiger une autre réparation que le payement des frais du procès ;

« Par ces motifs,

« La Cour met l'appellation et ce dont est appel au néant, émen- dant et vidant la question préjudicielle soulevée par le maire d'Arles, intervenu dans les diverses instances entre Lurin et consorts, d'une part, et Brun, Moreau, etc..... d'autre part, déclare que le droit d'es- plèche grève, au profit de la commune et des habitants d'Arles, sauf les parties défrichées, les propriétés desdits Lurin et consorts, situées en Crau, quartier de Moulès ou de Rives-Altes, et confinant : du le- vant, le chemin de l'Ilon ; du couchant, le chemin de Tarascon, et du nord, les pendants de Léocate, et que, en outre, ce droit n'a pas encore cessé par l'entière mise en culture de ces propriétés, et que

son exercice peut avoir lieu sur les terres en chaumes, après l'enlèvement de la récolte, ou après que les blés auront été coupés ;

« En conséquence, fait inhibitions et défenses aux intimés de trou-
bler à l'avenir les habitants d'Arles dans le libre exercice dudit droit
d'esplèche sur les parties non défrichées desdites propriétés ;

« Ordonne la restitution de l'amende, et pour tous dommages-intérêts accordés à la Commune, condamne les intimés aux dépens de
première instance et d'appel, ces derniers distraits au profit d'Es-
trangin, avoué, qui affirme en avoir fait l'avance. »

Tout habitant domicilié dans la commune d'Arles a le
droit d'user de l'*esplèche*.

*Cantons de Tarascon, de Saint-Remy et des Saintes-
Maries.* — Les droits de parcours et de vaine pâture ne sont
ni reconnus ni exercés.

Canton de Château-Renard. — Les droits de parcours et
de vaine pâture sont reconnus dans le canton.

Canton d'Orgon. — Les droits dont nous nous occupons
n'existent pas ; seulement, après les vendanges, les propriétaires qui n'ont pas de troupeaux laissent aux bergers,
leurs voisins, la faculté de faire manger par les leurs les
pampres des vignobles dans lesquels il ne se trouve point
d'oliviers. C'est en quelque sorte la vaine pâture établie
tacitement, et par simple tolérance, sans droit, et que
chacun peut faire cesser à volonté.

Canton d'Eyguières. — Le droit de vaine pâture s'exerce
au profit des troupeaux sur les coussouls dépendant du
territoire d'Eyguières. On en use aujourd'hui sans avoir
égard à l'étendue de la propriété de chaque co-usager.
Les étrangers mêmes en profitent. Il s'exerce depuis la
mi-carème jusqu'à la Saint-Michel (29 septembre).

SECTION VI. — DU GLANAGE, DU RATELAGE, DU GRAPILLAGE ET DU BAN DE VENDANGES.

(Art. 21, titre II, loi du 6 octobre 1791 ; art. 2, sect. 5, titre I, même loi.)

Le glanage, le râtelage et le grapillage s'exercent-ils pour certaines cultures, et à quelles conditions ?
L'usage d'un ban de vendanges existe-t-il pour les vignes non closes ?

La faculté accordée aux pauvres de ramasser les épis échappés aux moissonneurs, et de cueillir les grappes de raisin que les vendangeurs ont dédaignées est très ancienne. Une ordonnance du roi saint Louis, de 1269, nous prouve que cet usage, de laisser glaner les pauvres, était généralement admis, car elle défend l'introduction des bestiaux *en autrui bled* jusqu'au troisième jour que la moisson sera ramassée, « *afin que les pauvres membres de Dieu y puissent avoir glanaison.* » Henri II, dans un édit du 2 novembre 1554, poussé par le même sentiment, ne permet le glanage *qu'aux gens vieux et débilités de membres, petits enfants et autres gens qui n'ont force de scier*, c'est-à-dire de moissonner, et il l'interdit à tous autres, sous peine *d'être punis comme larrons*. Deux arrêts du parlement de Paris, en date des 3 juillet 1778 et 4 juillet 1781, sanctionnent cette prohibition sous peine de dix livres d'amende.

Une ordonnance du conseil de la communauté d'Aix, du 18 juin 1390, ne permettait l'introduction dans le chaume des bêtes bovines et du bétail que quatre jours après l'enlèvement des gerbes, *à ce que*, dit l'ordonnance rapportée par Bomy, *Mélanges*, page 56, *les pauvres gens y pussent glaner*. Enfin l'Assemblée constituante, par son instruction des 12-20 août 1790, chapitre VI, charge l'administration de porter un regard attentif sur la police des campagnes, et particulièrement sur le glanage, patrimoine des pauvres.

Mais cette faculté laissée aux indigents n'est point un droit qui leur soit conféré par une loi. Le propriétaire est libre d'en empêcher l'exercice. La loi permet aux pauvres de glaner, de grapiller, mais elle n'ordonne pas aux propriétaires de laisser des épis à glaner, des raisins ou d'autres fruits pour le grapillage ; elle n'apporte sur ce point aucune modification au droit de propriété; elle n'a pas entendu le restreindre.

L'usage des bans, c'est-à-dire des proclamations destinées à fixer l'ouverture des récoltes, a aussi une existence des plus anciennes. La loi 4, Dig. *de feriis*, nous prouve que les Romains connaissaient aussi l'usage des bans de moissons et des bans de vendanges. L'ancienne législation française admettait aussi cet usage; il avait pour but : 1º d'empêcher la récolte des fruits avant leur maturité; 2º de prévenir le pillage ou les anticipations qui pouvaient avoir lieu sur le fonds voisin; 3º de faciliter au seigneur la perception de ses droits sur les fruits. Le décret du 4 août 1789 abolit les bans en tant que droits seigneuriaux, et la loi du 6 octobre 1791, titre 1er, section 5, article 1er, permit au propriétaire de faire ses récoltes *au moment qu'il lui conviendra*, pourvu qu'il ne cause aucun dommage aux propriétés voisines. Toutefois, elle a conservé, dans son article 2, le ban de vendanges dans le pays où il était en usage, et notre Code pénal, article 475, § 1er, punit ceux qui contreviennent à ces proclamations de l'autorité.

Arrondissement de Marseille.

Le glanage, le râtelage et le grapillage ne sont établis et reconnus dans aucun des cantons, il en est de même du ban de vendanges.

Arrondissement d'Aix.

Cantons d'Aix. — Le glanage du blé et le grapillage des raisins sont tolérés après l'enlèvement des récoltes. Cette tolérance provient d'un usage ancien qui permettait de grapiller les raisins, les olives et les amandes après les criées du maire, et de glaner le blé après l'entier enlèvement des gerbes. L'article 42 du règlement de la police municipale, approuvé par le parlement le 6 septembre 1569, rapporté par Bomy, *Privilège d'Aix*, folio 125 (édition de 1741), s'exprime de la manière suivante : « Et n'oseront « aller rapuguer raisins, olives ni amandes sans qu'il soit « permis par une criée publique à son de trompe, à peine « du fouet et autre arbitraire. »

Un autre règlement sur les peines municipales, de 1574, déclaré applicable à toute la Provence par arrêt du Parlement du 7 avril 1601, et rapporté par Bomy, *Privilèges d'Aix*, folio 167, fixait des règles pour le glanage et le grapillage. L'article 11 et l'article 21 sont ainsi conçus :

« Art. 11. — Et ne pourront rapuguer aux vignes « d'autrui, sans licence du maître, jusqu'à quinze jours « après la fête de saint Michel, à peine de cinq sols de « ban pour chacun et chaque fois.

« Art. 21. — Durant les moissons, on ne pourra gla-« ner aux possessions d'autrui tandis que les gerbes et

« gerbières seront en icelles, à peine de cinq sols pour
« chacun et chaque fois. »

On doit donc observer ces règles pour le glanage et le
grapillage

Le ban de vendanges est aussi en usage dans la ville
d'Aix, il existe depuis longtemps. En effet, le règlement
sur la police municipale de 1569, article 40, défendait de
vendanger avant la permission de l'autorité : « Ne sera
« permis à aucune personne, de quelque qualité ou
« condition qu'elle soit, de vendanger ou faire vendanger
« ses propres ou autres raisins qu'au préalable ne soit été
« délibéré et résolu en la Maison-de-Ville par les consuls
« et que criée de la permission ne soit été faite, sous peine
« de cinquante livres d'amende. » Aujourd'hui encore le
maire d'Aix fixe chaque année, par un arrêté municipal,
l'ouverture des vendanges.

Canton de Salon. — Le glanage des grains et le grapillage des raisins et des olives sont reconnus dans le canton.
Ils ne s'exercent qu'à l'époque déterminée par l'autorité
locale. Quant au râtelage, il se pratique dans les prairies
non closes, aussitôt après l'enlèvement des fourrages.

Le ban de vendanges est usité dans le canton, mais
l'autorité n'en fait pas la publication toutes les années.

Cantons de Martigues et de Trest. — Le glanage, le grapillage et le ban de vendanges ne sont pas reconnus.

Canton de Lambesc. — Le glanage des grains est toléré
par charité, à la seule condition qu'il ne s'exercera
qu'après que les gerbes ont été enlevées du sol et mises
en gerbières. Le ban de vendanges n'est pas usité.

Canton d'Istres. — Le glanage est permis après la moisson et la formation des gerbières. Dans les grands ménages, un tiers des grains en provenant appartient au propriétaire qui est chargé de fouler les épis, produit du glanage. La paille reste au domaine.

Le grapillage des raisins et des olives est permis. L'autorité municipale règle ordinairement l'exercice de ces facultés.

Le ban de vendanges est en usage.

Cantons de Gardanne et de Peyrolles. — Le glanage du blé et le grapillage des raisins et des olives sont usités ; ils s'exercent sous les conditions exigées par la loi. Le ban de vendanges n'est pas en usage.

Canton de Berre. — Le glanage du blé est généralement permis aux vieillards et infirmes, aux veuves et aux orphelins. Il en est de même du grapillage des raisins, des olives, du glanage des amandes et du râtelage des prés. Il existe divers règlements de police municipale qui déterminent les conditions qu'il faut remplir pour exercer le glanage dans les champs après l'entier enlèvement des produits.

Arrondissement d'Arles.

Cantons d'Arles. — Le glanage du blé est pratiqué. Il est soumis à des règles spéciales qui tiennent à la nature et à la vaste étendue du territoire. Voici ces règles :

Personne n'a la liberté d'aller glaner sur la propriété d'autrui. Le propriétaire ou le fermier choisit ses glaneurs. Il les loge, s'ils n'ont pas établi sur les lieux une tente dite *thubanau.* Il est obligé de fouler les épis provenant du glanage. Mais, en compensation de ces charges, le propriétaire retient la paille et perçoit le tiers du blé que les glaneurs ont ramassé. Sur ce tiers, il est obligé de donner à l'hospice de la Charité d'Arles, pour l'entretien des vieillards, enfants ou infirmes qui y sont secourus, une portion égale au 2 pour 100 du blé employé aux semences sur les terres de la Crau, et au 4 pour 100 sur les autres parties du territoire. Cette redevance payée à l'hospice de la Charité s'appelle *droit de glane*.

Cet usage particulier au territoire d'Arles est basé sur l'éloignement et l'isolement des fermes, qui ne permet pas aux glaneurs de rapporter chaque soir en ville leur butin, et les met dans la nécessité d'acheter ainsi du propriétaire local le droit d'habiter momentanément sur son sol, et celui d'obtenir la foulaison du blé, produit du glanage. Dans le principe, le propriétaire, pour les services qu'il rendait ainsi aux glaneurs, exigeait le tiers du produit du glanage. Cette exigence excita les plaintes du pauvre. Le clergé, qui en reconnut la justice, s'en fit l'organe auprès des propriétaires. Une occasion se présenta. On fondait à Arles l'hospice de la Charité; l'archevêque d'Arles et les recteurs de l'hospice présentèrent au Parlement de Provence une requête dans le but de faire ordonner que le tiers de la glane perçu par les propriétaires serait livré à l'hospice de la Charité. Cette requête fut homologuée par arrêt de la grand'chambre du Parlement, en date du 16 mai 1667.

L'exécution de cet arrêt souleva des discussions qui furent terminées par une transaction, à la date du 29 mai 1671, qui intervint entre les consuls de la ville d'Arles, au nom des propriétaires, et les recteurs de l'hospice de la Charité. Par cette transaction, le tiers des épis glanés, qui était adjugé à l'hospice, fut réduit au tiers du tiers, et le reste fut laissé aux propriétaires.

En 1698, le conseil de la commune, frappé de l'insuffisance des secours accordés à l'hospice, éleva à la moitié la quantité que la transaction de 1671 fixait au tiers du tiers, et, voulant établir d'une manière précise la portion des pauvres, arrêta les bases de 2 pour 100 de la semence pour les terres situées dans la Crau, et de 4 pour 100 dans le reste du territoire.

Cette transaction fut depuis toujours observée. En l'an v de l'ère républicaine, la commission des hospices d'Arles éprouva des refus de payement de ce droit de glane. Elle se pourvut par requête devant le tribunal civil des Bouches-du-Rhône pour être maintenue dans l'exercice de ce droit, comme par le passé. Le 11 prairial an v, le tribunal ordonna que la requête serait communiquée à l'administration municipale du canton d'Arles, avant de statuer. L'administration déclara consentir à ce que les fins de la requête fussent entérinées. Le tribunal, par son jugement du 21 prairial an v, maintint l'hospice d'Arles dans l'exercice du droit de glane, tel qu'il était réglé par les arrêts du Parlement.

Le 9 juin 1817, le maire d'Arles prit un arrêté pour régler l'exercice du glanage. Cet arrêté, approuvé par le préfet des Bouches-du-Rhône le 15 du même mois, porte dans son article 1er : « Les anciens usages relatifs au « glanage dans le territoire d'Arles sont maintenus. »

Ce droit de glane ayant été, dans ces derniers temps, contesté comme contraire aux lois de 1790 et années suivantes, il est intervenu, à la date du 29 août 1837, un jugement du tribunal de Tarascon, confirmé par arrêt de la Cour d'Aix, du 29 janvier 1839, qui consacre de nouveau ce droit en faveur de l'hospice d'Arles. Nous croyons devoir rapporter *in extenso* le jugement rendu sur cette matière, jugement dont la Cour a pleinement adopté les motifs :

« Attendu qu'il était admis dans l'ancien droit public en France que le conseil d'une communauté représente l'universalité des habitants, spécialement dans les villes considérables, où la réunion de tous les chefs de famille serait d'une grande difficulté et exposerait à de grands dangers ;

« Attendu que les délibérations et actes employés par les hospices d'Arles en l'instance émanent du conseil général de la communauté de cette ville; qu'ils ont été sanctionnés par le Parlement de Provence qui exerçait l'autorité suprême ; qu'il était dans les attributions de la grand'chambre de cette Cour de faire des règlements de police ;

« Attendu que la police rurale est fortement intéressée au paisible exercice de la faculté de glaner, surtout dans un territoire vaste où les habitations sont à de grandes distances, ainsi que les secours ;

« Attendu que les titres anciens sont protégés par la présomption de régularité et de solennité que produit l'événement de leur maintien : *In antiquis omnia censentur solemniter acta* ;

« Attendu que l'exécution paisible des titres dont s'agit a produit un usage plus que séculaire, exécution et usage suffisamment constatés par les registres des hospices, par le jugement du tribunal civil du département, par l'arrêté du maire, approuvé par le préfet en 1817, par la formule des actes de baux à ferme des propriétaires pour charger les fermiers du payement du droit de glane ;

« Attendu que l'usage procédant, comme la loi, de la volonté et de la raison commune, n'est pas moins obligatoire, surtout en matière rurale, et lorsqu'il n'a rien de contraire aux lois fondamentales et aux bonnes mœurs ;

« Attendu qu'il est impossible de méconnaître, dans les faits établis et invoqués, les caractères constitutifs de l'usage dans l'exercice, la jouissance et la répartition du glanage ;

« Attendu que, sainement appréciés, on n'y trouve rien qui affecte le sol, rien qui tienne de la nature des contributions publiques ni des anciennes redevances féodales ou ecclésiastiques, rien même qui aggrave le sort du glaneur en l'état de ses rapports avec le fermier ; qu'en effet, la prestation, réclamée en force de l'usage et des titres invoqués, ne consiste qu'en une faible portion de la retenue exercée sur celui-ci par le fermier ; elle se trouve aussi subordonée au fait préalable de la perception de cette retenue, sans laquelle il est évidemment impossible que ce dernier partage ce qu'il n'a pas reçu ;

« Attendu que si nonobstant l'appréhension des épis et la fatigue qu'il supporte à cet effet, le glaneur, dans le territoire d'Arles, ne peut obtenir la propriété de tout ce qu'il appréhende, et si le fermier peut en prélever un tiers, ce ne peut être qu'à l'aide de titres anciens et de l'usage dont s'agit, lesquels, au moyen de la réserve au profit de l'hospice, légitiment ce prélèvement, au lieu que sans cette réserve, là comme partout ailleurs, le droit et l'équité proscriraient le partage du patrimoine du pauvre à qui il est justement acquis *pro derelicto*. D'ailleurs, la supposition d'une convention particulière, chaque année, entre le fermier et le glaneur, est suffisamment dévoilée par l'identité, l'égalité des conditions de cette convention annuelle, nonobstant la diversité des temps, des distances, des domaines, par la conformité de cette convention avec l'usage invoqué et par la disproportion de la quotité prélevée par le fermier, soit avec le prix du foulage, toujours fixé au vingtième, soit avec la modicité des autres objets fournis ordinairement par celui-ci, disproportion réellement léonine si le fermier devait garder tout ce qu'il prélève ;

« Attendu que la juste appréciation de la prestation demandée ne permet d'y trouver qu'une obligation personnelle, résultant de la perception du tiers du glanage, et de la soumission qu'elle exprime à l'usage local et aux titres dont il découle ;

« Attendu que si la loi du 28 septembre 1791 déclare libre dans toute son étendue, comme les personnes qui l'habitent, le territoire français, lequel ne peut être sujet qu'aux contributions publiques, cette loi ne proscrit pas les redevances et charges dont la convention est licite ;

« Attendu que, de ce qui a été ci-devant considéré, il résulte clairement qu'il n'y a rien d'illicite dans l'usage qui réserve aux hospices une portion de ce que le fermier retient au glaneur ;

« Attendu que l'article 21 de la même loi ne contient que la défense aux glaneurs, dans les lieux où l'usage de glaner est reçu, d'entrer dans les champs ouverts avant l'enlèvement des fruits et la défense d'entrer dans aucun temps dans aucun enclos rural ; qu'il est évident par cette prohibition qu'elle maintient l'usage des lieux en ce qui n'est pas contraire à ce qu'elle porte ni aux autres dispositions de cette loi ;

« Attendu que c'est ainsi que divers arrêts de la Cour suprême ont entendu et appliqué la loi précitée, n'y voyant que la modification des anciens règlements émanés des cours souveraines. »

Cet usage immémorial, régularisé et sanctionné par tous les titres que nous venons d'indiquer, est en vigueur dans la plus grande partie du territoire d'Arles. Pourtant, dans les héritages suburbains et sur les parcelles dont la contenance ne comporte pas l'établissement d'un *thubanau*, le glanage s'exerce librement.

Le grapillage des raisins et des olives et le râtelage dans les prés s'exercent aussi dans les cantons d'Arles, à la condition de n'entrer dans les propriétés qu'après l'enlèvement complet des récoltes.

Habituellement un arrêté du maire d'Arles fixe l'époque du grapillage. Ce même arrêté défend, dans l'intérêt des pauvres, l'introduction des troupeaux dans les terrains moissonnés, dans les vignobles et vergers d'oliviers avant le temps moral nécessaire au glanage et au grapillage.

L'usage d'un ban de vendanges existe pour les vignes non closes.

Cantons de Tarascon, de Saint-Remy et de Château-Renard. —Le glanage, le grapillage et le râtelage s'exercent sous les conditions prescrites par la loi. Le ban de vendanges est tombé en désuétude à Tarascon. A Saint-Remy, chaque année l'autorité municipale publie le ban de vendanges. Dans le canton de Château-Renard, il n'est plus usité depuis quelques années. La commune d'Eyrague a pourtant con-

servé cet usage. A Château-Renard, l'exercice du glanage
et du grapillage doit cesser dès que le propriétaire a établi
dans son champ un signe de défense qui consiste en un
petit tas de terre élevé de cinquante centimètres environ.

Canton d'Orgon. — Le grapillage des raisins s'exerce dans
le canton. Il ne peut commencer qu'à l'époque fixée par
l'autorité municipale dans le ban de vendanges qui se
publie chaque année. Après l'enlèvement des récoltes de
toute espèce, dans les terres non closes, les glaneurs,
ordinairement femmes et enfants, sont admis à recueillir
les épis des céréales, les débris de fourrage, les amandes,
les noix, les tronçons de racines de garance, les têtes ou
pommes de cardères oubliées ou négligées.

Canton d'Eyguières. — Le glanage, le râtelage et le
grapillage des raisins et des olives s'exercent dans le canton
sous la seule condition de n'entrer dans les champs
qu'après l'entier enlèvement des récoltes. Chaque année
l'autorité municipale en fixe l'époque. De plus, dans la
commune d'Eyguières, comme mesure de police, on exige
des propriétaires ou fermiers qui veulent, avant l'ouverture de la cueillette des olives, en ramasser pour leur
provision, une déclaration faite devant le maire, indiquant
la quantité d'olives que chaque propriétaire se propose de
cueillir, et désignant l'immeuble sur lequel doit avoir lieu
la cueillette. Le maire délivre un récépissé de cette déclaration et il invite ensuite les maires des communes voisines
et les commissaires de police à surveiller la vente des
olives pour provision, et à exiger des vendeurs la pro-
duction des récépissés de leurs déclarations. Cette mesure,

prise dans le but de prévenir les nombreux vols d'olives qui se commettaient autrefois, est ordonnée par un arrêté du maire d'Eyguières, en date du 30 septembre 1839, approuvé par le préfet le 22 octobre suivant.

Canton des Saintes-Maries. — Le glanage s'exerce dans le canton. Dans les grands domaines il est conventionnel, et les usages suivis à Arles sont adoptés. Il faut en excepter seulement la redevance de quatre pour cent de la semence que le propriétaire ou fermier n'est pas obligé de payer à l'hospice. Le propriétaire ou fermier doit porter tous les bagages des glaneurs qu'il a choisis. Il doit aussi porter à leur domicile la part du blé qui leur revient. Les glaneurs ne sont soumis qu'au payement du passage des ponts.

Dans les parcelles détachées, le glanage s'exerce librement, sans rétribution aucune, sous les conditions prescrites par la loi.

Le ban de vendanges n'est point usité.

SECTION VII. — DES PLANTATIONS.

(Art. 671 , Cod. Nap.)

Existait-il , au jour de la promulgation du Code Napoléon, des règlements particuliers déterminant la distance à laquelle on peut planter des arbres de haute tige ? A défaut de règlements, y a-t-il des usages constants et reconnus ? Observe-t-on des distances moindres que celles prescrites par les anciens règlements et usages et par l'article 671 du Code Napoléon, par exemple pour la vigne, pour les arbres plantés le long d'un mur commun, ou d'un mur appartenant au voisin, ou d'un mur appartenant au propriétaire de l'arbre, pour les plantations faites au bord des fossés ?

Les plantations faites à une distance trop rapprochée du fonds voisin peuvent lui nuire d'une manière notable, soit par les racines qui, en pénétrant dans la terre, en absorbent les sucs, soit par l'ombre que les arbres projettent sur les propriétés d'autrui. Aussi, de tout temps, le législateur a réglé les distances à observer dans les plantations, et cela dans l'intérêt des voisins. La loi 13 *de Finium regundorum* fixait, à Rome , cette distance suivant les essences des arbres. Notre ancienne jurisprudence l'avait aussi réglée. La législation nouvelle a si bien compris la sagesse de pareilles dispositions, qu'elle s'en est référée aux distances prescrites par les anciens règlements et les anciens usages, et qu'elle n'a déterminé ces distances que pour les pays qui n'avaient sur ce point ni règlements ni usages constants et reconnus.

Cantons de Marseille et de Roquevaire. — Il existait en Provence, ainsi que l'atteste Bomy, *Recueil de quelques coutumes de Provence*, chap. 2, et dans les territoires formés aujourd'hui par les cantons de Marseille, des règlements déterminant la distance à laquelle on peut planter des arbres de haute tige. Les règlements exigeaient qu'ils fussent plantés à une canne (2 mètres) du fonds voisin. Ces dispositions de la coutume de Provence sont encore aujourd'hui observées dans les cantons de Marseille et de Roquevaire.

La vigne ne peut être plantée qu'à 0 m. 50 c. de la ligne divisoire.

Canton d'Aubagne. — Anciennement, il était d'usage de planter les arbres à haute tige à 4 mètres du fonds voisin. Mais, depuis la promulgation du Code, on observe la distance indiquée par la coutume de Provence, que l'article 671 à consacrée.

La vigne est plantée à 0 m. 50 c. du fonds voisin. On n'observe aucune distance pour les arbres plantés le long d'un mur mitoyen ou d'un mur appartenant au propriétaire de l'arbre. Dans tous les autres cas, on suit les distances légales.

Canton de la Ciotat. — Avant la promulgation du Code, on plantait les arbres à haute tige à 1 m. 05 c. de l'héritage voisin. Mais cet usage est tombé en désuétude depuis, et l'on observe les dispositions de l'article 671 du Code Napoléon.

Arrondissement d'Aix.

Cantons d'Aix.—L'ancienne coutume de Provence, suivie en tout point dans ces cantons, exigeait que tous les arbres fussent plantés à une canne (2 mètres) du fonds voisin. Elle ne faisait aucune distinction entre les arbres à haute tige et les autres arbres. Aujourd'hui, cette distance d'une canne (2 mètres) est observée pour les arbres à haute tige, le Code Napoléon n'admettant l'ancienne coutume que pour cette nature d'arbres. Quant aux autres arbres et aux haies vives, on se conforme à la disposition finale de l'article 671 du Code Napoléon.

La vigne peut être plantée à 0 m. 50 c. de la ligne divisoire. C'est l'application de la coutume de Provence, rapportée par Bomy, chap. 3, qui exigeait que la vigne fût plantée à quatre pans (1 mètre) de celle du voisin, ce qui fait nécessairement supposer qu'elle pouvait l'être à 0 m. 50 c. de la ligne divisoire.

Cantons de Martigues, de Salon, de Trets et de Peyrolles.—On suit en tout point, et pour toutes les plantations, les dispositions de l'article 671 du Code Napoléon.

Canton de Lambesc.—La coutume de Provence était suivie dans le canton; depuis la promulgation du Code, on se conforme aux prescriptions de l'article 671.

Cantons d'Istres et de Gardanne.—Les arbres à haute tige doivent être plantés, conformément à l'ancienne coutume de Provence, à deux mètres au moins de la ligne divisoire; les autres arbres à 0 m. 50 c. Dans le canton de

Gardanne, l'usage admet que les arbres qui viennent naturellement dans le bief des moulins, et tous les arbres aquatiques, tels que saules, osiers, etc., etc., dont la destination est de consolider les berges, ne sont soumis à aucune distance.

Canton de Berre. — Avant le Code Napoléon, on observait, pour les plantations d'arbres à haute tige, une distance de trois mètres, et pour les haies et les vignes, une distance d'un mètre. Depuis sa promulgation, on suit les dispositions de l'article 671.

Arrondissement d'Arles.

Cantons d'Arles et des Saintes-Maries. — Il n'existe ni règlements anciens ni usages constants et reconnus par rapport à la distance des plantations. On suit en tout point les dispositions de l'article 671 du Code Napoléon.

Canton de Tarascon. — La coutume de Provence était suivie dans le canton. On ne peut donc planter les arbres à haute tige qu'à la distance de deux mètres du fonds voisin, la vigne qu'à 0 m. 50 c. L'usage permet de planter des arbres aux bords des fossés, sans observer de distance.

Cantons de Saint-Remy et d'Eyguières. — On suit les dispositions de l'article 671 du Code Napoléon. A Eyguières, il est permis dans les enclos de planter en espalier des arbres à fruits contre le mur mitoyen.

Canton de Château-Renard. — Les arbres à haute tige doivent, d'après l'usage, être plantés à deux mètres de

distance du fonds voisin. C'est l'observation de l'ancienne
coutume de Provence. Cette règle s'applique à presque
toutes les communes du canton. Il faut pourtant en excepter celle de Barbentane, où la distance est fixée à trois
mètres, et celle d'Eyragues, où on ne peut planter des
cyprès qu'à trois mètres de la propriété voisine.

Les saules et les peupliers se plantent sur les bords des
fossés mitoyens, sans observer de distance. Les cannes ou
roseaux se plantent, à Château-Renard et à Barbentanne,
sur la limite même des héritages; à Eyragues, à 0 m. 50 c.;
à Rognonas, à un mètre. A Noves, le propriétaire qui
veut établir un *cannier* au midi de son champ doit d'abord
creuser, entre son terrain et celui de son voisin, un fossé
de 0 m. 375 millim. de profondeur, et à distance de
0 m. 375 millim. de la propriété voisine. Il établit ensuite
son *cannier* sur la douve nord du fossé.

Si le *cannier* est au nord de son héritage, il n'est soumis
à aucune de ces obligations. Cet usage est fondé sur cette
observation que les racines des cannes prennent toujours
la direction du nord au midi, et jamais du midi au nord.

On ne peut planter des haies vives qu'à la distance de
0 m. 50 c., à la condition de les ravaler tous les trois ans
à un mètre de hauteur; on doit observer aussi la distance
de 0 m. 50 c. lorsqu'on veut établir une haie morte,
afin de ne pas emprunter la terre du voisin pour consolider la haie. La vigne se plante à un mètre, ainsi que
les mûriers nains et tous les autres arbres à basse tige.

Observation de la Commission centrale. — Les distances exigées
par l'usage, dans le canton de Château-Renard, pour certains arbres
à haute tige, celle indiquée pour les haies et les arbres à basse tige,
et les conditions imposées à celui qui, dans la commune de Noves,

veut établir un *cannier* au midi de sa propriété ne sont pas obligatoires. Ces distances sont plus fortes que celles qu'exigeait l'ancienne
coutume de Provence et que celles édictées par l'article 671. Nulle
part aussi on ne trouve indiquée l'obligation imposée à celui qui
veut établir un *cannier* au midi de son champ ; la loi et la coutume
étant muettes sur ce point, on ne peut considérer cet usage comme
ayant force de loi.

Canton d'Orgon. — Les sept communes du canton ne
suivent pas les mêmes règles ; Orgon, Sénas, Eygalières
et Mollégès adoptent pour les mûriers les dispositions de
l'article 671. A Cabannes, Saint-Andiol et Verquières,
on les plante à trois mètres de distance du champ voisin.
A Eygalières, on plante le figuier et le noyer à trois mètres, partout ailleurs ce n'est qu'à deux mètres. Pour les
autres arbres, on suit la disposition de l'ancienne coutume
de Provence. Sur le bord des fossés mitoyens, chaque
propriétaire plante des saules sur la rive sans observer de
distance. Anciennement on plantait les rideaux de cyprès
à 3 mètres de distance. Cet usage se perd ; les nouvelles
plantations se font à deux mètres, au grand détriment du
voisin, dont le terrain est rendu improductif à dix mètres
de distance au nord.

Pour la vigne, on suit la disposition de l'ancienne coutume de Provence ; elle doit être plantée à 0 m. 50 c. de
la ligne divisoire.

Observation de la Commission centrale. — Les distances supérieu-
es à celles édictées ou par la coutume de Provence ou par l'article 671 ne sont pas obligatoires. En présence du texte de l'article
dont nous nous occupons, on ne peut imposer à celui qui plante des
conditions plus onéreuses que celles fixées par la loi ou par la coutume.

SECTION VIII. — DU TOUR D'ÉCHELLE.

La servitude d'échelage ou tour d'échelle est-elle reconnue ?
Quelle est la largeur du terrain affecté à son exercice ?
Cette largeur varie-t-elle suivant la hauteur des maisons
à réparer ou selon qu'elles sont couvertes en chaume ou
en tuile ?

Le tour d'échelle ou échelage est un droit en vertu
duquel celui à qui il est dû peut poser une échelle sur
l'héritage du voisin et occuper l'espace de terrain nécessaire pour faire tourner l'échelle lorsqu'il fait des réparations ou des constructions dans la partie de sa maison
qui donne du côté du voisin.

On désigne aussi sous le nom de tour d'échelle l'espace
qui est laissé pour cet usage.

Plusieurs coutumes reconnaissaient autrefois au propriétaire exclusif d'un mur, ou d'un bâtiment contigu à
l'héritage d'autrui, un droit sur un certain espace de terrain au-delà de son mur ou de son bâtiment.

Dans quelques pays, ce droit était considéré comme un
droit de propriété que le maître du mur était censé s'être
réservé pour pouvoir réparer son mur et y poser des
échelles. On appelait cet espace de terrain réservé *investison* ou *invétison*.

Dans d'autres pays, on ne considérait ce droit d'appuyer
son échelle sur le fonds voisin que comme une servitude
légale résultant du voisinage. Enfin, d'autres coutumes
ne voyaient là qu'une servitude ordinaire qui ne pouvait
s'acquérir que par titre.

En Provence, le tour d'échelle n'existait pas légalement, c'est-à-dire que le propriétaire d'un mur ou d'une
maison n'avait, par la force même du Statut Provençal,
ni la propriété de l'espace qui lui était nécessaire pour
appuyer son échelle, ni même ce droit considéré comme
une simple servitude. Il fallait, pour qu'il pût l'invoquer,
qu'il se prévalût d'un titre.

Arrondissement de Marseille.

Cantons de Marseille. — La servitude du tour d'échelle
n'est point reconnue.

Observation de la Commission centrale. — Le propriétaire qui a
besoin de réparer son édifice, et qui ne peut le faire qu'en passant sur
l'héritage d'autrui, est-il réduit à voir tomber cet édifice ? Ce serait
une grave erreur de le penser ainsi. Lorsque le mur touche immédiatement l'héritage d'autrui, le voisin est obligé de souffrir, moyennant
indemnité, le passage sur son terrain des ouvriers et des matériaux
pour les réparations indispensables. C'est ce qu'ont décidé : la Cour
de Bruxelles, par son arrêt du 28 mars 1823, S. 25, 2, 374 ; la Cour de
Bordeaux, par arrêt du 20 décembre 1856, S. 36, 2, 152. Cette opinion est professée par Pothier, *De la Société*, n° 246 ; Merlin, *Répert.*,
v° *Tour d'échelle*, § 2, n° 1 ; Pardessus, t. 1ᵉʳ, n° 227.

Canton de Roquevaire. — Le tour d'échelle n'existe pas
comme servitude ; quelquefois le propriétaire, en construisant, laisse une parcelle de terrain pour cet usage.

Canton d'Aubagne. — La servitude du tour d'échelle
n'est pas reconnue. Quand on est dans la nécessité de
passer sur le terrain d'autrui pour réparer sa construction,
on peut occuper un espace de la largeur de 0 m. 50 c., à

la condition d'indemniser le voisin du préjudice souffert.
On ne fait aucune différence suivant la hauteur des maisons et le genre de toiture.

Canton de La Ciotat. — Le tour d'échelle est admis, à la
charge par celui qui en use d'indemniser son voisin. L'es--
pace qui lui est donné est de 1 mètre, sans distinction
pour la hauteur des édifices.

Arrondissement d'Aix.

Cantons d'Aix. — Le tour d'échelle est généralement
admis, à la condition par celui qui l'exerce d'indemniser
le voisin du préjudice qu'il lui a occasionné. La largeur du
tour d'échelle est ordinairement de 0 m. 50 c.

Observation de la Commission centrale. — Ce n'est ni à titre de
propriété, ni à titre de servitude que le tour d'échelle s'exerce, car,
comme nous l'avons déjà dit, la coutume de Provence ne l'admettait
à aucun titre. C'est en vertu du principe qui veut que celui qui a
besoin de réparer son édifice ne soit pas réduit à le voir tomber en
ruine, que le tour d'échelle est admis moyennant indemnité.

Cantons de Salon et de Martigues. — Le tour d'échelle
rentre dans la classe des servitudes légales de passage.
L'usage lui donne 1 mètre de largeur.

Observation de la Commission centrale. — Celui qui en use doit
donc indemniser son voisin du préjudice souffert.

*Cantons de Lambesc, d'Istres, de Gardanne, de Trets, de
Peyrolles.* — Le tour d'échelle n'est pas admis, seulement

il est toléré par le propriétaire voisin, à la charge par celui qui en use de payer le dommage qu'il pourra occasionner. A Trets, la largeur du terrain que l'on occupe est de 2 mètres pour les réparations et de 3 mètres pour les reconstructions, sans avoir égard au plus ou moins de hauteur des maisons.

Canton de Berre. — Rarement le tour d'échelle existe à titre de tolérance, mais dans le cas où on l'exerce à ce titre, celui qui en réclame l'usage doit indemniser celui qui s'y soumet du préjudice qu'il a pu éprouver.

Lorsqu'il constitue un droit de propriété, on le reconnaît, à moins qu'il n'y ait titre ou preuve contraire, aux signes suivants : .

Pour les maisons, lorsque le versant de la toiture incline directement les eaux sur le fonds voisin, et cela sans contestation (art. 681 du C. Nap.) ;

Pour les murs de clôture, lorsque le chaperon a une inclinaison sur le fonds voisin, et lorsqu'il existe une porte donnant sur le terrain contigu.

Dans ces circonstances, l'on présume qu'en bâtissant le propriétaire a laissé en dehors un espace de 0 m. 50 c. lui appartenant, pour lui servir de passage pour la réparation du mur, alors il n'est pas dû d'indemnité au voisin.

Observation de la Commission centrale. — C'est à tort que la commission cantonale de Berre voit dans les signes par elle indiqués la preuve du droit au tour d'échelle. Ces signes sont des présomptions de propriété ou de servitude, mais ce serait donner une extension à la loi que d'y retrouver la preuve du droit d'*investison* que quelques coutumes admettaient, mais que jamais le Statut Provençal n'a consacré.

Arrondissement d'Arles.

Cantons d'Arles, de Tarascon, de Saint-Remy, de Château-Renard, d'Orgon et des Saintes-Maries. — Le tour d'échelle n'est pas admis en principe, mais les propriétaires ont toujours réparé leurs bâtiments sans opposition de la part de leurs voisins.

Cantons d'Eyguières. — Le tour d'échelle est admis ; l'usage lui donne 0 m. 50 c. de largeur, quelle que soit la hauteur des maisons et le genre de toiture. Celui qui en use doit indemniser le voisin du préjudice souffert.

Observation générale de la Commission centrale.—Le tour d'échelle n'existant pas à titre de propriété ou de servitude en force même du Statut Provençal, mais s'exerçant par simple tolérance, à la condition d'indemniser le voisin du préjudice souffert, ne doit pas être réduit à l'espace indiqué par les différentes commissions cantonales : si la nécessité l'exige, on peut occuper un plus grand espace de terrain. Les commissions cantonales n'ont fait qu'indiquer ce qui se pratique le plus habituellement.

—

SECTION IX. — DES·FOSSÉS CREUSÉS PRÈS LE FONDS VOISIN.

Un espace quelconque de terrain doit-il être laissé au-delà du fossé par celui qui le creuse, de manière à préserver le champ voisin de l'éboulement des terres ? Qu'elle est la largeur de cet espace ?

Arrondissements de Marseille, d'Aix et d'Arles.

Le fossé qui est ouvert par un propriétaire sur la ligne

divisoire de son héritage est une œuvre qui peut nuire à autrui, et empêcher le voisin de cultiver jusqu'à la limite de son fonds, sujet à des éboulements. Le Code Napoléon, il est vrai, dans les articles relatifs aux fossés, ne prévoit pas cette question ; mais il est un principe que son article 544 a consacré. Le législateur veut que le propriétaire ne puisse disposer de la chose que sous la condition qu'il n'en fera pas un usage prohibé par les lois et les règlements. Or, si l'usage et les règlements sur ce point, fondés sur l'intérêt de l'agriculture, ont exigé une certaine distance entre le fossé et la propriété du voisin, on doit encore aujourd'hui suivre ces prescriptions.

De tout temps, en Provence, on l'a ainsi pratiqué. On ne pouvait creuser un fossé sans laisser du côté de l'héritage voisin un espace de terrain égal à la profondeur dudit fossé.

Bomy, *Mélanges*, chapitre 6, s'exprime de la manière suivante : « Si le voisin veut faire un fossé près de la pièce « de son voisin, il doit être autant éloigné de ladite pièce « que ledit fossé aura de profond. »

Cette règle si sage, fondée sur le droit romain, loi dernière *ff. fin. regundorum*, faite pour prévenir de nombreuses contestations, est encore aujourd'hui en vigueur dans tout le département.

Il faut de plus que le talus de la berge soit suffisamment incliné pour empêcher l'éboulement de la rive, et pour qu'il reste 0 m. 50 c. entre le talus et l'héritage.

SECTION X. — DES CONSTRUCTIONS SUSCEPTIBLES DE NUIRE AUX VOISINS.

(Art. 674, C. Nap.)

Existait-il antérieurement au Code Napoléon ou a-t-il été fait depuis des règlements particuliers sur les objets ou l'un des objets spécifiés dans l'article 674 ? A défaut de règlements, que prescrit l'usage ?

La coutume de Provence fixait quelles étaient les précautions à prendre lorsqu'on construisait un four, un puits et des latrines. Sur ces trois points, puisque notre article s'en réfère aux anciens règlements, les règles édictées par le Statut Provençal doivent encore être suivies dans tout le département.

Pour les fours, il faut laisser *le tour du chat*, c'est-à-dire un espace vide entre le four et le mur du voisin, qui varie habituellement de 0 m. 15 c. à 0 m. 20 c.

Voici comment s'exprime sur ce point Bomy, *Mélanges*, chapitre 13 : « Autant faut-il en dire en cet endroit « pour le regard d'un four à ban, lequel ne se peut aussi « bastir contre ladite muraille (commune), mais il faut « laisser entre deux le tour du chat, comme disent vul- « gairement ceux qui connaissent de ces affaires, c'est-à- « dire, quelque petite distance entre-deux. »

Cette mesure ne s'appliquait qu'aux fours à ban, c'est-à-dire publics ou cuisant pour le public; mais aujourd'hui que l'article 674 ne distingue pas, on doit appliquer cette règle même aux fours des particuliers.

Un puits ne peut être creusé qu'à la distance d'un pas du fonds voisin, ainsi que l'attestent Bomy, *Mélanges*, chapitre 6, et Julien, *Éléments de Jurisprudence*, page 153. A Marseille on construit un contre-mur de 1 pied d'épaisseur (0 m. 33 c.)

Quant aux latrines, le Parlement de Provence, par son arrêt du 23 mai 1609, décida qu'on ne pourrait en établir contre un mur mitoyen sans faire un contre-mur d'épaisseur compétente, en laissant une petite distance entre-deux, pour que l'humidité ne se communique pas au mur. Voir Bomy, *Mélanges*, chapitre 12.

Sur tous les autres points que le Statut n'avait pas fixé, nous allons maintenant voir ce qu'a prescrit l'usage.

Arrondissement de Marseille.

Cantons de Marseille. — Le propriétaire qui veut faire des ouvrages indiqués par l'article 674 est obligé, pour ne pas nuire au voisin, de construire un contre-mur de 0 m. 33 c. (1 pied), que le mur séparatif des deux propriétés soit mitoyen ou non.

Canton de Roquevaire. — Les forges et les fourneaux doivent être séparés des murs mitoyens ou non mitoyens par un contre-mur. Quant aux cheminées, âtres et étables, il n'y a pas de distance fixée par l'usage.

Cantons d'Aubagne et de La Ciotat. — Les âtres des cheminées ordinaires peuvent être appliqués contre le mur, en ayant soin d'y adapter un contre-cœur en fonte. Pour les forges et les fourneaux, on laisse le même espace vide que pour les fours, 0 m. 17 c. environ. On n'observe aucune distance pour les étables, magasins de sel ou amas de matières corrosives.

Arrondissement d'Aix.

Cantons d'Aix. — On ne peut établir des puisards et des cloaques contre les murs mitoyens ou non mitoyens qu'en construisant un contre-mur. La même précaution doit être prise pour les étables, les magasins de sel ou amas de matières corrosives. On est aussi dans l'usage d'entourer d'un mur de 0 m. 50 c. de hauteur les puits, puisards et cloaques, lorsqu'ils ne sont pas dans un lieu clos de murailles.

Canton de Salon. — Les forges doivent être séparées du mur mitoyen par une pierre de taille de 0 m. 25 c. d'épaisseur. Les étables peuvent être adossées au mur mitoyen, à condition que la litière ne sera pas amoncelée, et qu'elle sera enlevée avant toute fermentation. Le sel, dans les magasins, est placé dans des carrés en planches, dits *uris*.

Canton de Martigues. — Les âtres des cheminées doivent avoir un contre-mur de 0 m. 15 c., à moins qu'on ne mette une plaque en fonte, en ayant soin de laisser une certaine distance entre le mur et la plaque. Cette distance est de 0 m. 03 c. pour les petites cheminées, et de 0 m. 06 c. pour les grandes. On laisse, en construisant les forges et les fourneaux, le même espace que pour les fours, c'est-à-dire 0 m. 15 c.

Dans les étables, on est dans l'habitude d'élever un contre-mur de 0 m. 20 c.

Cantons de Lambesc, de Trets et de Peyrolles. — Il n'y a pas d'usage en dehors des dispositions de la coutume de Provence.

Canton d'Istres. — Les fourneaux à chaudières doivent être séparés du mur voisin par le même espace que les fours ; cet espace doit être de 0 m. 15 c. à 0 m. 20 c. Les cloaques établis dans les cours doivent avoir un contre-mur. Cette précaution est exigée pour les magasins de sel, les dépôts de fumier et les loges à cochon. Le contre-mur doit avoir 0 m. 25 c. s'il est en pierres de taille, et 0 m. 50 c. s'il est en moellons.

Canton de Gardanne. — Celui qui construit une fosse d'aisance doit, indépendamment des précautions imposées par la coutume de Provence et cela d'après l'usage, élever un contre-mur de 0 m. 66 c. à chaux et à sable ou à ciment, et cimenter le fond. Les étables et dépôts de matières corrosives doivent avoir un contre-mur de 0 m. 22 c. bâti à chaux et à sable. Ce contre-mur doit avoir une hauteur telle qu'il dépasse les mangeoires pour les étables, et l'entassement des matières corrosives pour les dépôts.

Les âtres des cheminées doivent avoir un contre-mur de 0 m. 165 millim. Cette construction peut être remplacée par une plaque de fonte.

Canton de Berre. — L'usage veut, lorsque les étables, les cloaques, les loges à cochons s'appuyent contre un mur mitoyen, que l'on bâtisse un contre-mur de hauteur suffisante pour empêcher la nocuité.

Arrondissement d'Arles.

Cantons d'Arles et des Saintes-Maries. — Il n'y a pas d'usages constants et reconnus relatifs à l'article 674 du Code Napoléon.

Canton de Tarascon. — La partie du mur mitoyen où se trouve l'âtre doit être revêtue de pierres de taille. Les forges doivent être établies à 0 m. 25 c. du mur, et il doit y avoir un espace vide de 0 m. 10 c. Pour les fourneaux, le vide doit être de 0 m. 15 c. Pour les dépôts de sel et d'autres matières corrosives, il faut un contre-mur de 0 m. 25 c.

Canton de Saint-Remy. — L'usage exige que, pour établir une cheminée contre le mur mitoyen, on fasse un contre-mur, ou que l'âtre soit revêtu de dalles.

Canton de Château-Renard. — Pour établir une cheminée, il faut un contre-mur en briques de 0 m. 56 c. d'épaisseur. Pour les amas de matières corrosives, il n'est que de 0 m. 25 c.

Canton d'Orgon. — Lorsqu'on veut adosser une cheminée à un mur mitoyen, on est dans l'usage de placer une plaque en fonte ou une dalle. Si c'est une forge ou un fourneau, on doit établir un contre-mur bâti avec des briques et de l'argile. Pour les cloaques, les magasins de sel et autres matières corrosives, le contre-mur qu'on doit établir est de 0 m. 40 c. d'épaisseur.

Canton d'Eyguières. — Les latrines, dépôts de fumiers et les amas de matières corrosives doivent être éloignés du mur mitoyen de 0 m. 125 millim. (un demi-pan), souvent on construit un contre-mur de 0 m. 33 c. (1 pied) d'épais-seur. Quant aux cheminées, on garantit le mur mitoyen par un contre-mur de 0 m. 167 millim. (6 pouces) d'épais-seur arrivant à la hauteur du manteau de la cheminée.

Observation générale de la Commission centrale. — Nous devons observer, en terminant cette section, que si, malgré les ouvrages intermédiaires et l'observation des distances prescrites par les règle-ments et les usages que nous venons d'indiquer, les constructions dont s'occupe l'article 674 du Code Napoléon nuisaient aux proprié-taires voisins, celui qui les a fait élever serait tenu des dommages qu'elles peuvent occasionner. Notre article n'a pas voulu déroger à la règle édictée par l'article 1382 du même Code. Ce qui résulte de l'article 674, c'est que le voisin près du mur duquel on a élevé des constructions nuisibles, en se conformant aux prescriptions indiquées par les règlements et usages, ne peut pas réclamer, à raison seule-ment de la possibilité des accidents. Mais, dès que le danger se mani-feste, il peut réclamer, suivant le droit commun, la réparation du dommage accompli qui a démontré l'insuffisance des précautions qui avaient été prises. Il peut donc demander des dommages-intérêts pour le préjudice souffert, et même la démolition de l'ouvrage, s'il n'était pas possible de prévenir le danger pour l'avenir. [1]

[1] Voir dans le même sens : Bomy, *Mélanges*, chap. 12; Dubreuil, *Coutumes de Provence*, pag. 21 ; Toullier, t. 2, n° 522; Pardessus, *Servi-tudes*, n° 199; Demolombe, *Servitudes*, t. 1er, p. 595; Marcadé, art. 674.

SECTION XI. — DES PASSAGES.

Combien distingue-t-on de sortes de passage? Quelles sont les conditions prescrites par les règlements ou usages pour l'exercice de ces différents droits? Quelle est la largeur à laisser suivant les différentes servitudes de passage?

Arrondissements de Marseille, d'Aix et d'Arles.

L'article 682 du Code Napoléon, qui décide que dans certains cas on peut réclamer un passage sur le fonds d'autrui, n'a pas déterminé quelle doit être la largeur affectée à cette servitude. Si le titre est muet sur ce point, on doit se conformer aux dimensions fixées par les règlements. Il ne peut s'agir ici que des chemins privés, la largeur des chemins publics étant déterminée par les lois et les règlements administratifs.

En Provence, les chemins privés se divisaient en deux classes : 1° le chemin dû à un propriétaire pour l'utilité de son fonds, appelé *sentier* ou *viol*; 2° le chemin *voisinal* ou de quartier qui sert aux divers propriétaires d'un même quartier. D'après nos usages, la largeur du *sentier* ou *viol* doit être de 1 mètre 25 centimètres (5 pans), y compris les bords, à moins de titre ou possession contraire. Le sentier ou viol est, par rapport à l'entretien, à la charge de celui qui en use. Le propriétaire du sol n'a rien à faire, il doit seulement souffrir la servitude.

Le chemin voisinal ou de quartier est à la charge de tous les co-usagers. Un règlement du 6 septembre 1729, homologué par le Parlement, fait pour la ville d'Aix et rendu commun à toute la Provence, à l'exception de Marseille qui avait un règlement particulier, ainsi que cela résulte d'un arrêt de la Cour d'Aix, en date du 16 mai 1839, confirmé par arrêt de la Cour de cassation le 19 août 1840 (S. V. 40. 1. 847), avait fixé la largeur du chemin voisinal. La largeur ordinaire est de deux mètres (8 pans); elle est de 2 mètres 50 (10 pans), s'il y a d'un côté des haies ou des murailles; de 3 mètres (12 pans), s'il en existe des deux côtés. Cette largeur est portée à 4 mètres (16 pans) et même plus, dans les contours, suivant les localités. Ce règlement du 6 septembre 1729 est rapporté par Bomy, *Privilèges d'Aix*, page 226.

Toutes ces dispositions sont encore suivies en Provence, à l'exception de Marseille, et servent à régler les différentes servitudes de passage.

Marseille vivait sous une administration séparée de l'administration générale du pays. *Ses Statuts, liv. 1. chap.* 42, nous apprennent que deux citoyens étaient annuellement chargés de veiller à ce que les chemins publics de son territoire eussent une largeur convenable, cette largeur avait d'abord été fixée à 3 mètres 75 centimètres (15 pans). Une ordonnance rendue en 1750 par M. l'intendant la porta à 5 mètres (20 pans).

La largeur du viol n'était pas la même à Marseille que dans le reste de la Provence, elle était fixée à 1 mètre (4 pans) si un seul usager avait le droit d'y passer, à 1 mètre 25 centimètres (5 pans) s'ils étaient deux, et à 1 mètre 75 centimètres (7 pans) s'ils étaient trois et plus.

Indépendamment des chemins dont nous venons de parler, il en existe d'autres qui servent au passage des troupeaux. On les nomme *carraires*. On les divise en deux classes, les grandes et les petites.

Les grandes, que l'on nomme aussi *carraires générales*, sont celles qui sont destinées au passage des grands troupeaux allant, pendant l'été, de la Basse-Provence vers les montagnes pastorales de la Haute-Provence, du Dauphiné, des Alpes, de la Savoie et du Piémont, et redescendant, en hiver, dans la Basse-Provence et particulièrement dans les vastes plaines de la Crau.

Les petites *carraires* ou carraires particulières sont celles qui sont ouvertes dans le territoire des diverses communes pour favoriser le passage des troupeaux d'un quartier à l'autre, ou pour joindre les grandes carraires.

Ces voies sont aussi anciennes que la Provence. Un statut du comte Béranger, daté de 1235, rapporté par Mourgues, dans *les Statuts*, pag. 383, voulait que les troupeaux qui vont et reviennent des montagnes eussent, dans tous les terroirs qu'ils traversaient, des carraires assez spacieuses pour qu'ils pussent passer commodément et y trouver quelque peu de nourriture, sans que leurs conducteurs fussent soumis à aucune redevance, ni en nature, ni en espèce. Des lettres patentes du 16 janvier 1764 maintinrent, au profit des troupeaux transhumans, l'affranchissement du droit de péage, mais les soumirent à payer aux seigneurs, sur les terres de qui étaient établies les carraires, un droit fixé à 6 deniers (2 centimes et demi) par chaque trentaine de bêtes passant sur leurs propriétés. C'était une indemnité des inconvénients attachés à la servitude de passage des troupeaux, et une compensation pour la nourriture que les troupeaux prenaient en passant sur les carraires. C'est ce qu'on appelait *droit de pulvérage.* Ce droit a été perçu jusqu'en 1790. Un décret du 15 mars, dans son article 2, titre 10, l'a aboli.

Depuis l'origine des carraires, on avait donné à ces chemins une largeur excessive; en 1783, un règlement, en date du 21 juillet, articles 2 et 3, fixa la largeur des grandes carraires à un maximum de 20 mètres (10 toises) et à un minimum de 10 mètres (5 toises), et celle des petites à 5 mètres (2 toises et demie) autant que possible.

Un arrêté du préfet des Bouches-du-Rhône, en date du 1er avril 1806, article 1er, fixe le maximum des grandes carraires à 10 mètres, avec cette clause que celles qui ont une plus grande largeur ne pourront être réduites, et maintient la largeur donnée aux petites carraires par le règlement de 1783. Ainsi donc aujourd'hui, dans le département des Bouches-du-Rhône, la largeur des carraires, petites et grandes, est fixée d'une manière invariable.

CHAPITRE IV.

DU LOUAGE.

—

SECTION Ire — DU BAIL A-LOYER.

(Art. 1736, 1738, 1754, 1758 et 1759 Cod. Nap.)

Quelle est la durée ordinaire des baux à loyer? Quelles sont les époques d'entrée en jouissance, celles de la sortie, et du payement du loyer? A quelle époque, suivant les différents baux à loyer, au mois ou à l'année, les congés peuvent-ils être utilement donnés? Quel est le temps donné au locataire pour opérer l'enlèvement de ses meubles? A quels signes reconnaît-on la tacite réconduction? *Quid* des réparations locatives?

Arrondissement de Marseille.

Dans tout l'arrondissement, les maisons se louent à l'année, à partir de la Saint-Michel (29 septembre) et les loyers se payent de six mois en six mois et d'avance, le jour de la Saint-Michel (29 septembre) et à Pâques. Les appartements meublés se louent au mois; le prix est aussi payé d'avance, au commencement du mois à courir.

Dans les cantons de Marseille et d'Aubagne le congé doit être donné, pour les maisons, le 15 mai inclusivement, et, pour les appartements garnis, 15 jours avant la fin du mois.

Dans le canton de Roquevaire, le dernier jour pour donner congé est, pour les maisons, le quinzième jour après Pâques. Dans le canton de La Ciotat, c'est le samedi saint.

On n'accorde pas de délai pour déménager; le jour de l'expiration du bail, les bâtiments doivent être libres. A Marseille et à Roquevaire, les clefs doivent être rendues à midi au propriétaire.

A Marseille, si le preneur demeure dans les lieux loués après le jour fixé pour la sortie, la tacite réconduction s'opère et le bail est prorogé pour un an encore. A la Ciotat, elle ne s'induit que d'une jouissance prolongée pendant 15 jours. A Roquevaire et à Aubagne, la tacite réconduction ne s'opère pas par le fait de l'occupation précaire et momentanée après l'expiration du bail, elle s'induit seulement des circonstances à apprécier par le juge. Le preneur n'est chargé que des réparations indiquées à l'article 1754. A Marseille, les impositions des portes et fenêtres sont supportées par le preneur.

Arrondissement d'Aix

Cantons d'Aix. — Les baux des maisons se font à l'année, ils commencent à la Saint-Michel (29 septembre) et finissent à la même époque. Le prix du loyer est payé par semestre et d'avance, au moment de l'entrée en jouissance et le jour de Pâques. Le congé doit être donné le lundi de quasimodo, au plus tard.

Les appartements garnis se louent au mois. Le prix est payé d'avance, et le congé doit être donné huit jours avant la fin du mois.

La tacite réconduction s'induit de faits de jouissance après l'expiration du bail.

Le locataire doit avoir vidé les lieux et rendu les clefs au propriétaire ou à celui qui le remplace le 29 septembre à midi, à moins que ce ne soit un jour férié, circonstance qui fait proroger le bail de 24 heures.

Outre les réparations locatives mises à la charge du preneur par l'article 1754, l'usage lui impose les suivantes : le ramonage des cheminées, l'entretien des poulies, seau et corde des puits, des poulies des greniers, des tables-consoles, des buffets, croissants de cheminée, pavés des grandes cours, écuries ou remises, lorsqu'il s'en trouve seulement quelques-uns de déplacés ; l'entretien des panneaux de parquets, des glaces, commodes, cadres, dorures, sculptures, trumeaux, tableaux et tentures déchirées ou salies, tringles-balcons, grilles en fer ébranlées et où il manquerait quelque pièce ; l'entretien des fourneaux de cuisine, briques et grilles de potagers, éviers, grille et orifice du tuyau, piston, tringle et balancier des pompes, auges, mangeoires rongées, râteliers des écuries endommagés, barres et piliers de séparation des chevaux, tuyaux de descente brisés.

Les locataires sont de plus obligés de loger les militaires ; s'ils sont plusieurs dans la même maison, chacun loge à son tour ou paye sa portion de l'abonnement. Le locataire du rez-de-chaussée est chargé du balayage et de l'arrosage du devant de la maison quand cela est ordonné.

Le bailleur est chargé du payement des impositions des portes et fenêtres.

Cantons de Salon, de Lambesc, d'Istres, de Berre, de Trets et de Peyrolles. — Pour la durée des baux des maisons, les époques d'entrée en jouissance, celles de la sor-

tie et du payement des loyers, on suit les mêmes usages
qu'à Aix, sauf quelques différences ci-après indiquées.

Dans le canton de Salon, le congé doit être donné avant
le jour de Pâques ; le preneur est tenu des réparations
locatives indiquées par la loi.

Dans le canton de Lambesc, les congés sont utilement
donnés dans la semaine de Pâques. La tacite réconduction
s'induit du silence mutuel des parties ; les réparations
locatives sont celles indiquées par la loi.

Dans le canton d'Istres, le congé doit être donné six
mois avant la Saint-Michel (29 septembre). La tacite réconduction s'induit de faits de jouissance après l'expiration du bail ; les réparations locatives sont celles indiquées
par la loi. Lorsque la location se fait au mois, ce qui
arrive rarement, on doit donner congé quinze jours avant
la fin du mois.

Dans le canton de Berre, le congé doit être donné, au
plus tard, le lendemain du jour de Pâques ; la tacite réconduction s'induit d'une continuation de jouissance pendant huit jours après l'expiration du bail. Indépendamment des réparations locatives indiquées par l'article 1754
du Code Napoléon, le preneur est tenu de l'entretien des
poulies, seaux, cordes ou chaînes du puits, et du ramonage des cheminées. Les contributions des portes et fenêtres sont supportées par le bailleur.

Dans les cantons de Trets et de Peyrolles, le payement
des loyers ne s'effectue jamais d'avance ; à Trets même,
les loyers de peu d'importance ne se payent qu'en fin
d'année. Le congé doit être donné, au plus tard, le jour de
Pâques. Si, après le jour fixé pour la sortie, le locataire

reste sans déménager, la tacite réconduction s'opère. Le
preneur est tenu des réparations locatives indiquées par
la loi.

Canton de Martigues. — Les baux des maisons non
écrits sont censés faits pour un an, lorsque le locataire
garnit de ses meubles la maison louée ; pour un mois ,
lorsque le bailleur fournit lui-même les meubles au locataire. L'entrée en jouissance des baux à loyer des maisons
à l'année a lieu à Pâques ou à la Saint-Michel (29 septembre) indifféremment ; pour les locations au mois, le
1er et le 15 de chaque mois.

Le payement des loyers à l'année se fait par avance ,
moitié en entrant et moitié à mi-terme. Celui des loyers
au mois , à l'expiration du mois de location.

Les congés doivent se donner dans la quinzaine qui
précède les six mois avant l'expiration du bail ; pour les
locations à mois , quinze jours avant la fin du mois.

La tacite réconduction s'induit du silence des parties.
Les réparations locatives sont celles indiquées par l'article 1754 du Code Napoléon.

Canton de Gardanne. — Les baux à loyer se font ordi-
nairement pour une année , très rarement pour un mois.
L'entrée en jouissance a lieu à la Saint-Michel (29 sep-
tembre), dans la plupart des communes du canton. Aux
Pennes et à Septèmes, elle a lieu très souvent à Pâques.
La sortie correspond à l'entrée en jouissance.

Les payements ont lieu : à Gardanne et à Mimet, à la fin
du bail ; dans les autres communes, par semestre et d'a-
vance, si la location est à l'année ; en totalité et d'avance,
lorsqu'elle est au mois.

A Gardanne, les congés doivent être donnés dans la quinzaine qui suit le jour de Pâques ; dans les autres communes, six mois avant l'expiration du bail. Si la location est au mois, le congé doit être donné quinze jours avant l'expiration du bail.

La sortie doit être effectuée, au plus tard, le jour de l'expiration du bail, à midi. La tacite réconduction est admise toutes les fois qu'à l'expiration du bail le locataire reste dans les lieux loués.

Les réparations locatives à la charge du preneur sont les mêmes que dans les cantons d'Aix.

Arrondissement d'Arles.

Dans tout l'arrondissement, sauf les exceptions qui seront ci-après indiquées, la location des maisons se fait pour un an. L'entrée en jouissance a lieu à la Saint-Michel (29 septembre), pour finir à pareille époque de l'année suivante. Le prix du loyer est payable en deux termes égaux et d'avance, à la Saint-Michel (29 septembre) et à Pâques. Quand la location est faite pour Pâques, elle est censée durer dix-huit mois, c'est-à-dire jusqu'à la Saint-Michel de l'année suivante.

Les congés doivent être donnés, au plus tard, le samedi de la semaine de Pâques. Les clefs doivent être remises au propriétaire le 29 septembre, avant midi.

La location des chambres garnies est faite au mois ; les loyers se payent d'avance. Le congé doit être donné, pour la fin du mois, dans la première quinzaine. Les clefs doivent être remises le dernier jour du mois, avant la nuit.

Il n'y a pas de délai après lequel le preneur qui n'a pas délogé soit censé jouir par tacite réconduction. Cela s'induit de circonstances à apprécier par le juge.

Les réparations locatives dont le preneur est tenu sont celles indiquées par la loi (art. 1754 C. Nap.).

A Arles, les écuries avec grenier à foin et les greniers pour la laine se louent ordinairement pour une année. Le preneur entre en possession le 1er mai de chaque année. Le loyer se paye par semestre et d'avance, le premier en entrant, et le second le 1er novembre suivant. Le congé doit être donné, au plus tard, le 8 novembre.

Les greniers à blé se louent le plus souvent pour une année. L'entrée en jouissance a lieu le 24 juin. Le loyer se paye de six mois en six mois et d'avance. Le congé doit être donné, au plus tard, dans les huit jours qui suivent la fête de Noël (25 décembre). Quelquefois les greniers à blé et autres de même nature sont loués pour le commerce. La location a lieu alors par mois. Le prix se paye chaque mois et d'avance. Le congé doit être donné dans la première quinzaine.

Dans le canton de Tarascon, le loyer se paye par semestre, le premier d'avance, en entrant, et le second à la sortie, pour les baux à l'année; pour les appartements garnis, à la fin du mois. Le dernier jour pour donner congé est le 29 mars, avant midi, pour les maisons; et pour les appartements garnis, le quinzième jour du mois, avant midi.

Dans le canton de Château-Renard, les loyers se payent moitié en entrant, moitié en sortant. Les congés doivent être donnés six mois avant la fin du bail.

Dans le canton d'Orgon, le payement des loyers se fait

par semestre et d'avance si la location ne dépasse pas
l'année. Si elle dure plusieurs années, le preneur paye un
semestre à la Saint-Michel (29 septembre), en entrant,
et le second à la Saint-Michel suivante. A cette époque,
il paye deux semestres, l'un échu et l'autre par anticipa-
tion. Le congé doit être donné avant le jour de Pâques.

Dans le canton d'Eyguières, les loyers se payent moitié
en entrant et moitié en sortant ; le congé doit être donné
avant le jour de Pâques.

Dans le canton des Saintes-Maries, les locations se font
pour un an, et commencent à la Saint-Michel (29 septembre) ou à Pâques, indistinctement. Le dernier jour pour
donner congé est le jour de Pâques, si la location doit finir
à la Saint-Michel, et le jour de la Saint-Michel, si elle doit
finir à Pâques.

—

SECTION II. — DU BAIL A FERME.

(Art. 1756, 1758, 1774, 1775, 1776, 1777, 1778 Cod. Nap.)

Quelle est la durée des baux à ferme ? Quelles sont les époques d'entrée en jouissance, de sortie et du payement des
fermages ? Quelles sont les réparations locatives à faire
par le fermier, ainsi que les travaux d'entretien laissés à
sa charge ? Quand les congés peuvent-ils être utilement
donnés ? Combien de temps accorde-t-on au fermier pour
avoir vidé entièrement les lieux ? A quels signes recon-
nait-on la tacite réconduction ? Quelles sont les facilités
données par le fermier entrant au fermier sortant, et
réciproquement ?

Arrondissement de Marseille.

Cantons de Marseille. — Le bail à ferme est fort peu

usité ; il n'y a par conséquent pas d'usages bien constants
et reconnus. Pourtant, lorsque ce bail existe, il est fait
pour deux ans, à cause de l'assolement, qui, en général,
est biennal. Les terres sont ordinairement divisées en
oulières ; on y sème alternativement du blé, des légumes.
Le bail commence aux fêtes de Noël et finit à la même
époque. Les fermages se payent par semestre, moitié à
Noël et moitié le 24 juin, mais non d'avance. Le congé
doit être donné avant le 24 juin. Le fermier doit, à sa
sortie, laisser les lieux dans l'état où il les a trouvés à
son entrée. La tacite réconduction s'induit d'une continuation de jouissance après le jour fixé pour la sortie.
Les facilités à donner au fermier entrant par le fermier
sortant, et réciproquement, sont celles indiquées par
l'article 1777 du Code Napoléon.

Canton de Roquevaire. — La durée des baux à ferme
est de deux ans, à cause de l'assolement qui est biennal.
L'entrée en jouissance a lieu à la Toussaint (1er novembre). Le payement des fermages a lieu, par termes échus,
moitié à Pâques, moitié à la Toussaint, ou moitié à la
Saint-Jean (24 juin) et moitié à Noël. Le dernier jour
pour donner congé est le 24 juin. Le fermier sortant doit
laisser à celui qui lui succède un local pour l'abriter lui
et ses bêtes, pour y prendre ses repas et pour y entreposer
ses instruments aratoires et les semences qu'il veut mettre
en terre avant d'entrer. Le fermier entrant doit laisser à
celui qu'il a remplacé les mêmes facilités pour la perception
des récoltes à faire après sa sortie.

Le fermier est tenu de toutes les réparations d'entretien
à faire aux capitaux de la ferme ; il est tenu en outre au

curage des ruisseaux d'arrosage et de ceux servant à l'écoulement des eaux pluviales, à l'entretien des chemins d'exploitation, au redressement des parties de murs ou banquettes de soutènement. Si l'éboulement est considérable, les réparations sont à la charge du propriétaire. La tacite réconduction s'induit de circonstances à apprécier par le juge.

Canton d'Aubagne. — La durée des baux varie suivant la nature des propriétés affermées ; elle n'est que d'un an pour les prairies. L'entrée en jouissance a lieu le 2 février. Les autres propriétés sont affermées pour deux ans, à cause de l'assolement qui est biennal. Le bail commence à la Toussaint (1er novembre) pour les terres à l'arrosage, et à Noël (25 décembre) pour les autres. Le prix du bail est payé : pour les prairies, à la Toussaint ; pour les autres propriétés, moitié à Noël, moitié pour la fête de sainte Magdeleine (22 juillet), si la rente est divisée, et à Noël, si elle ne l'est pas. Dans les grands domaines, le payement a lieu le 15 février et le 15 août.

Il n'y a pas de délai pour donner congé. Par convenance, on se prévient à la Saint-Jean (24 juin .

Le fermier garnit la ferme de tout ce qui est nécessaire à l'exploitation. Il n'est tenu qu'aux réparations locatives indiquées par la loi.

Le fermier sortant doit laisser à celui qui le remplace la faculté de semer les terres libres de récoltes. Celui-ci peut, dès le 1er novembre, faire des légumes et tailler la vigne après la chute des feuilles.

La tacite réconduction ne s'opère pas par le fait seul de l'occupation précaire et momentanée des biens affermés, elle résulte de circonstances graves à apprécier par le magistrat, en cas de contestation.

Canton de La Ciotat.— Le bail à ferme n'est pas usité dans le canton.

Arrondissement d'Aix.

Cantons d'Aix.—En général, les immeubles ruraux sont divisés en deux soles, ce qui fait que les baux à ferme ont une durée de deux ans. Mais cette durée n'est que d'une année quand les fruits sont tous récoltés dans cette période. L'entrée en jouissance a lieu le 8 ou 29 septembre, selon qu'il s'agit d'une grande ou d'une petite exploitation. La sortie a lieu le jour correspondant à l'entrée en jouissance. Le payement des fermages s'effectue après la récolte du blé.

Les congés doivent être donnés, au plus tard, dans la huitaine de Pâques ou soit le lundi de quasimodo de l'année de l'expiration du bail. Le fermier doit laisser les lieux libres le jour de sa sortie, à midi. Les baux verbaux ne cessent jamais de plein droit, contrairement à l'article 1775 du Code Napoléon. L'usage est de donner congé.

Les premières dispositions de l'article 1777 du Code Napoléon ne sont pas observées, le fermier sortant étant dans l'usage de faire les travaux de culture jusqu'à sa sortie. Mais les autres dispositions sont observées.

On observe également les règles édictées par l'article 1778 du même Code. Par exception, pourtant, le fermier d'un jardin arrosé avec des eaux grasses est autorisé à emporter les engrais ou terreaux qui excèderaient la quantité qu'il a trouvée au commencement du bail, parce que l'on considère ces objets comme des produits.

Les capitaux vifs et morts de toute nature, que le propriétaire a fournis, sont laissés sur le pied de l'estimation qui a été faite au commencement du bail, sans qu'il dépende du fermier de les augmenter ou de les diminuer outre mesure. Le fermier ne peut, sous aucun prétexte, emporter les capitaux. Les réparations locatives à la charge du fermier sont les mêmes que celles indiquées dans le canton de Roquevaire, arrondissement de Marseille.

Observation de la Commission centrale. — Les usages indiqués par la Commission cantonale, et qui veulent que les baux verbaux ne cessent jamais de plein droit, que les congés soient toujours donnés, sont contraires aux dispositions formelles de la loi. Ainsi point de congé nécessaire pour les baux ruraux écrits ou non écrits (art. 1757 et 1775 Cod. Nap.).

L'usage des congés fait supposer que dans le canton, à l'expiration des baux écrits, si le preneur reste, il y a tacite réconduction aux mêmes conditions. Mais l'article 1776 s'y oppose formellement en disant que, dans ce cas, il s'opère un nouveau bail dont l'effet est réglé par l'article 1774. La loi n'induit pas ici la continuation du bail de la continuation de la possession du preneur, comme elle le fait dans la location des maisons (art. 1759) ; elle n'admet qu'un bail verbal dont l'effet est réglé par l'article relatif aux baux sans écrit. C'est la consécration de l'article 4, section 2, titre 1er du Code rural de 1791 : « La tacite réconduction n'aura plus lieu à l'avenir, « en bail à ferme ou à loyer des biens ruraux. »

En l'état de cet antagonisme entre la loi et l'usage, il convient de faire de la difficulté une question de bonne foi. Si, par leur conduite, les parties indiquent que leur commune intention a été de suivre l'usage reçu, il faut, le cas échéant, admettre la tacite réconduction comme la chose la plus naturelle et la plus équitable.

Canton de Salon. — Les baux à ferme sont faits pour deux ans; ils commencent et finissent le 29 septembre. Le prix du fermage est payable moitié à la fête de sainte Magdeleine (22 juillet), et moitié à la Saint-Michel (29 septembre). Il faut en excepter les jardins et les vergers d'oliviers dont le second terme n'est exigible qu'à Noël (25 décembre). Le fermier est tenu des réparations locatives indiquées par la loi. On est dans l'usage de donner congé. La tacite réconduction s'induit d'une continuation de jouissance après l'expiration du bail.

Canton de Martigues. — Le bail à ferme n'est pas usité.

Canton de Lambesc. — Les baux à ferme ont une durée de six ou de neuf ans; ils commencent le 8 septembre et plus généralement le 29 du même mois. Le payement du fermage a lieu le 29 septembre, terme échu, s'il se fait en une seule fois, et, s'il est divisé, après la moisson et le 29 septembre. Le fermier est tenu des réparations locatives indiquées par la loi, et, de plus, du curage des citernes, des égouts et des fossés. Les congés doivent être donnés, au plus tard, dans la semaine de Pâques. Le 29 septembre, à midi, le fermier sortant doit avoir vidé les lieux. Le silence des parties en fin de bail donne lieu à la tacite réconduction qui fait continuer le bail aux mêmes conditions.

Observation de la Commission centrale. — La durée des baux dans le canton de Lambesc, telle que l'a consacrée l'usage, est en opposition avec l'article 1774 du Code Napoléon. Car, dans tous les domaines du canton, l'assolement est biennal. De plus, la tacite réconduction qui s'induit du silence mutuel des parties, en fin de bail écrit, fait continuer, d'après l'usage, le bail aux mêmes conditions. C'est là encore une coutume qui est en opposition avec l'article 1776. Il y a donc lieu ici de faire de ces difficultés des questions de bonne foi, et de suivre la règle indiquée dans les observations sur les usages admis dans les cantons d'Aix.

Canton d'Istres. — Les baux à ferme sont faits pour deux ans. Ils commencent : à Istres et à Fos, en janvier; à Saint-Mitre, le 3 février, et à Saint-Chamas, le 29 septembre. Le payement du fermage s'opère en argent, moitié à la Saint-Jean (24 juin), et moitié à Noël (25 décembre).

On est dans l'usage, à Istres et à Saint-Chamas, de donner congé six mois avant l'expiration du bail; à Saint-Mitre et à Fos, cet usage n'est pas pratiqué. Le fermier doit, indépendamment des réparations locatives indiquées par la loi, curer les fossés, nettoyer les rives et couper chaque année les haies.

Canton de Gardanne. — Les biens ruraux donnés à ferme comprennent toujours des terres destinées à la culture de la vigne et du blé, de l'orge ou de l'avoine. La durée des baux est subordonnée à l'assolement, qui est de deux ans si le fermier ne défonce pas le sol, et de trois ans dans le cas contraire. Les époques d'entrée en jouissance varient dans le canton. A Gardanne, Septèmes et Mimet, les baux commencent en août, après la récolte des céréales; à Simiane et à Cabriès, à Pâques et à la Saint-Michel indistinctement; à Bouc, le 29 septembre. Les époques de la sortie correspondent à celle de l'entrée en jouissance. Les fermages se payent communément en deux termes et non d'avance, à Pâques et à la Saint-Michel (29 septembre). Les réparations locatives à la charge du fermier sont celles imposées aux locataires; il est tenu en outre de l'entretien des haies, des étangs et de toutes les constructions servant à les remplir ou à les vider, du curage des canaux et des fossés d'irrigation. Dans les fermes où il existe des moulins à vent, le fermier est chargé des réparations à faire aux tournants.

On n'est pas dans l'usage de donner congé pour les baux non écrits. Mais lorsque dans un bail écrit le propriétaire s'est réservé le droit de résilier après trois ou six ans de jouissance, il doit avertir le fermier un an d'avance.

A Cabriès, le fermier a huit jours pour vider les lieux. Dans les autres communes, le fermier a jusqu'à l'enlèvement de la récolte du blé, si le bail finit en août, et de celle du vin quand le bail finit à Noël. Le fermier sortant à droit de loger ses fourrages dans les dépendances de la ferme qu'il va occuper, et ce à mesure qu'il en fait la récolte.

Canton de Berre. — Il y a dans le canton deux sortes de baux à ferme : ceux appelés baux de la petite exploitation, dont tous les produits sont réalisables dans une seule année, lesquels ne durent qu'un an ; et ceux de la grande exploitation, dont les produits ne peuvent être recueillis qu'en plusieurs années, lesquels ont la durée nécessaire à l'entière perception des récoltes. Ils commencent à la Saint-Michel (29 septembre), pour finir à pareil jour de l'année du terme. Néanmoins, dans quelques localités, l'usage fixe la prise de possession pour les cultures au 2 février, quoique l'entière occupation des lieux ne se réalise qu'au 29 septembre. Cet usage a été introduit pour que le nouveau fermier pût préparer lui-même les terres qu'il doit semer.

Le prix des baux est payable : pour ceux de la petite
exploitation, en un seul terme, tantôt à la Magdeleine
(22 juillet), tantôt au 15 août; pour ceux de la grande
exploitation, en deux termes, l'un à Noël et l'autre au
15 août. Ces diverses époques sont celles des récoltes
des olives, du blé et des amandes.

Le congé doit être donné à Pâques de la dernière année.

Indépendamment des réparations locatives indiquées
par la loi, le fermier doit le curage des puits, l'entretien
des fossés d'écoulement et d'irrigation, des chemins d'exploitation, des murs de soutènement.

Les assolements que trouve le fermier ne peuvent être
changés par lui. La tacite réconduction s'opère par une
continuation de jouissance à l'expiration du bail.

Canton de Trets. — La durée du bail à ferme est de
trois, six et neuf ans, avec faculté réservée aux deux
parties de le résilier après une période de trois ou six
ans, à la charge par celui qui veut en user d'en prévenir
légalement l'autre partie. L'entrée en jouissance a lieu :
pour les grandes fermes, le 8 septembre; pour les petites
exploitations, le 1er novembre ou le 1er mars. La sortie
a lieu après la perception entière des récoltes. Les fermages se payent en argent, moitié au mois de mai et moitié
fin septembre; lorsque le payement s'effectue en nature,
c'est à l'époque des récoltes.

Toutes les terres de la ferme sont mises, chaque année,
en rapport. Un tiers est cultivé en blé, un autre tiers en
avoine, et le dernier tiers subit une jachère d'hiver pour
être semé en plantes légumineuses au printemps.

Quant aux vignobles, comme ils sont plantés en *ou-*

lières plus ou moins distantes les unes des autres, l'assolement est biennal.

Le fermier n'est pas chargé des réparations locatives des bâtiments de la ferme. Il supporte habituellement le transport, à ses frais, des matériaux nécessaires à l'entretien de ces bâtiments. Il doit, de plus, l'entretien et le curage des fossés établis pour l'écoulement des eaux.

Le fermier sortant doit procurer à celui qui doit le remplacer les facilités indiquées à l'article 1777 du Code Napoléon ; le fermier entrant ne peut commencer à préparer les terres du domaine, les ensemencer et y faire paître ses troupeaux qu'au moment de son entrée en jouissance.

Les congés sont utilement donnés six mois avant la fin du bail. Le fermier sortant doit avoir vidé les lieux le jour même de l'expiration de son bail, à midi. La tacite réconduction s'induit du défaut de congé en temps utile.

Observation de la Commission centrale. — La durée des baux à ferme non écrits est, d'après la Commission cantonale, de trois, six, ou neuf ans, avec faculté de résiliation donnée au deux parties, après une période de trois ou six ans, pourvu que l'on se prévienne légalement. Cet usage est contraire à l'article 1774 du Code Napoléon. L'assolement étant triennal, le bail devrait donc expirer de plein droit après une période de trois ans, sans qu'il fût nécessaire de donner congé.

De plus, la tacite réconduction s'induit du défaut de congé en temps utile. Ici, encore, opposition formelle entre la loi et l'usage.

Il convient donc de faire de ces difficultés des questions de bonne foi, comme nous l'avons dit, et si par leur conduite les parties indiquent que leur commune intention a été de déroger à la loi, il faut admettre les usages consacrés.

Canton de Peyrolles. — La durée des baux à ferme est de six ans, bien que l'assolement soit biennal. C'est le

8 septembre qu'a lieu l'entrée en jouissance des fermiers.
Le payement des fermages s'effectue à la récolte du blé.
Le preneur est tenu de toutes les réparations locatives et
d'entretien. Le congé, qui ne doit être donné que lorsqu'il
n'y a pas d'écrit, doit l'être six mois avant l'époque de la
sortie. La tacite réconduction s'induit de la continuation
de jouissance après l'expiration du bail. Le fermier sortant
doit accorder au fermier qui le remplace toutes les facilités nécessaires à l'exploitation du domaine. Par récipro-
cité, le nouveau fermier doit à celui à qui il a succédé les
mêmes facilités pour la perception des récoltes à faire.

Observation de la Commission centrale. — Sur la durée des baux,
contraire à l'artice 1774, et la nécessité de donner congé, voir les
observations présentées sur les usages du canton de Trets.

Arrondissement d'Arles.

Cantons d'Arles. — Les baux non écrits ne sont appliqués qu'aux terres détachées. Leur durée est ordinairement de deux ans pour les terres arables, les vignes, les
oliviers et les prairies. La rotation des cultures est de
deux ans pour le blé et la garance, et d'un an pour les
autres genres de culture.

L'entrée en jouissance a lieu après l'enlèvement des
récoltes par le fermier sortant. Les fermages se payent
lorsque la récolte a été perçue.

Les pailles et les fourrages étant destinés à la nourriture du gros et du menu bétail attaché à l'exploitation,
il est interdit au fermier d'en vendre; il doit conserver
aussi tout le fumier.

Le fermier est tenu des réparations locatives indiquées

par l'article 1754. Il doit, de plus, porter sur la propriété autant de charretées d'engrais qu'il a enlevé de charretées de gerbes de blé ou d'avoine, curer les mares servant à l'abreuvoir, les fossés d'écoulement et les roubines, à moins qu'il ne les ait trouvés en mauvais état à son entrée en jouissance. Il doit aussi le charroi des outils et des matériaux pour les réparations à la charge du propriétaire. On n'est pas dans l'usage de donner congé ; la tacite réconduction n'est pas admise par l'usage.

Les prés naturels et artificiels sont exclusivement au fermier entrant, à partir de la Saint-Michel (29 septembre). Le nouveau fermier doit à celui à qui il a succédé, et qui après cette époque vient faire la récolte du dernier assolement, le logement et le feu.

Observation de la Commission centrale. — La Commission cantonale indique que la tacite réconduction n'est pas admise par l'usage. Voici comment il faut entendre cette réponse : en cas de bail écrit, si à l'expiration du bail le fermier est laissé en possession, il s'opèrera, non pas la continuation du bail aux mêmes clauses et conditions, mais un bail dont la durée sera régie par l'article 1774 du Code Napoléon. C'est dans ce sens seulement que l'on peut admettre que la tacite réconduction n'est pas admise, l'usage, ainsi, étant conforme à la loi. Il ne faudrait pas induire de cette réponse que, malgré une continuation de jouissance de la part de l'ancien fermier, il n'y aurait pas d'engagement entre lui et le propriétaire. Ce serait un usage contraire à la disposition formelle de l'article 1778 du Code Napoléon, qui veut que si à l'expiration du bail le fermier est laissé en possession, il s'opère un nouveau bail régi par l'article 1774 du même Code.

Canton de Tarascon. — La durée des baux à ferme est de 6 ou 9 ans pour les domaines, de 2 ans pour les pièces détachées. Lorsque le fermier fait des luzernières, le bail dure 8 ans. La luzernière dure 5 ans ; on sème ensuite du blé pendant 2 ans, et de l'avoine l'année suivante. L'entrée en jouissance a lieu : pour les pièces détachées, le 1er août; pour les grands domaines, le nouveau fermier prend possession des herbages le 1er septembre, des luzernes, des prairies et des bâtiments de la ferme le 1er novembre. Il commence à cultiver au mois de mars les terres qu'il doit ensemencer au commencement de son bail.

Le fermage se paye le 15 août pour les céréales, le 29 septembre pour les garances, les chardons, les vignes et les luzernes.

Indépendamment des réparations locatives indiquées par la loi, le fermier est tenu du repurgement des fossés tous les trois ans à 0 m. 30 c. de profondeur et à jet de pelle.

Le congé doit être donné un an avant l'expiration du bail pour les domaines. On n'est pas dans l'usage de donner congé pour les parcelles de terre dont le bail expire après la perception des fruits, conformément à l'article 1774 du Code Napoléon. La tacite reconduction s'induit des circonstances à apprécier par les tribunaux. Les rapports des fermiers entrants avec ceux qu'ils remplacent sont réglés conformément à l'article 1777 du Code Napoléon.

Observation de la Commission centrale. — Quant à la durée des baux et à l'usage de donner congé, il convient d'appliquer dans le canton de Tarascon, à ces usages qui sont en opposition avec la loi, les observations placées à la suite des usages du canton de Trets, dans l'arrondissement d'Aix.

Canton de Saint-Remy. — La durée ordinaire des baux est de six ans. L'assolement est biennal. L'entrée en jouissance a lieu le 1er novembre. Mais le nouveau fermier prend possession d'une partie des greniers à foin dans la première quinzaine de juillet, des bergeries et des herbages du domaine le 2 septembre. Pour les terres séparées des habitations, l'entrée en jouissance a lieu le 22 juillet. Le payement des fermages s'effectue le 1er novembre. Le fermier doit prévenir le bailleur ou être prévenu par celui-ci, pour la sortie, au moins un an d'avance. Les réparations locatives à la charge du fermier sont celles édictées par l'article 1754 du Code Napoléon. Les rapports du fermier entrant avec celui à qui il succède sont régis par l'article 1777 du même Code.

Observation de la Commission centrale. — L'assolement étant biennal, les baux non écrits ne devraient durer que deux ans au lieu de six, comme cela se pratique dans le canton de Saint-Remy. Cet usage ainsi que celui du congé à donner un an avant la sortie sont contraires à la loi. Il faut ici appliquer les observations faites sur les usages du canton de Trets.

Canton de Château-Renard. — Le bail à ferme n'a pas de terme fixe, contrairement à l'article 1774, en ce sens que la partie qui veut le faire cesser doit en donner avis un an d'avance à l'autre partie. Il commence au 1er novembre; c'est aussi à cette époque que se paye le fermage, mais jamais d'avance. A Eyragues, il se paye moitié au 22 juillet et moitié au 1er novembre suivant. Le fermier doit, indépendamment des réparations locatives indiquées par la loi, repurger les fossés et payer les cotes d'arrosage.

Observation de la Commission centrale. — Sur la durée des baux qui n'ont pas de terme fixe et la nécessité de donner congé, on doit appliquer les observations faites à l'occasion des usages du canton de Trets.

Canton d'Orgon. — Même usage que dans le canton de Château-Renard pour la durée des baux et l'entrée en jouissance. L'assolement le plus usité est biennal. A une année de céréales succède une année de légumes. Il devient triennal, si aux céréales on fait succéder des cultures qui durent plus d'un an. Bien que l'entrée en jouissance n'ait lieu qu'au 1ᵉʳ novembre, les troupeaux de bêtes à laine du nouveau fermier peuvent être introduits dans les pâturages et autres terres non en récolte, dans la commune de Sénas, le 29 septembre, et dans les autres communes du canton, le 3 du même mois.

Les fermages se payent en deux termes, le 22 juillet et le 1ᵉʳ novembre. Rarement on exige des fermiers des réparations locatives. Lorsque le propriétaire est obligé de faire des réparations aux bâtiments de la ferme, le fermier transporte les matériaux nécessaires.

Le fermier sortant fait la récolte des olives et celle des céréales sur le sol qu'il avait ensemencé, celle de la garance et celle de la cardère semée la dernière année. Le fermier entrant profite du défoncement opéré pour extraire la garance.

Le fermier qui sort doit livrer à son successeur, dès les premiers jours de septembre, une étendue de terrain suffisante pour y faire ce que vulgairement l'on nomme *des pasquiers*, c'est-à-dire les ensemencements de seigles, d'orges et d'avoines destinés à être mangés en hiver par les brebis mères et les agneaux. A son tour, le nouveau fermier doit fournir à l'ancien au mois de juin, lorsqu'il vient faire la récolte des terres qu'il a semées avant sa sortie, un logement convenable pour lui et ses domestiques, et un abri pour les bêtes nécessaires à la foulaison.

Observation de la Commission centrale. — Sur la durée des baux qui n'ont pas de terme fixe et la nécessité de donner congé, on doit appliquer les observations faites à l'occasion des usages du canton de Trets.

Canton d'Eyguières. —·Les baux à ferme ont une durée de deux ans. Ils commencent habituellement à la Saint-Michel (29 septembre). Le payement des fermages a lieu en deux termes : l'un le 22 juillet, et l'autre le 29 septembre. On est dans l'usage de se prévenir six mois avant l'expiration de la deuxième année, sinon un nouveau bail s'opère par la tacite réconduction.

Le fermier est tenu de toutes les réparations locatives indiquées par la loi. Il est chargé de plus de l'entretien des haies, des fossés et des ponts. Il doit transporter tous les matériaux nécessaires aux réparations que le propriétaire de la ferme croit utiles à son domaine. Il est rare, dans le canton, que le fermier entrant ait des rapports avec l'ancien fermier, parce que la fin du bail concorde presque toujours avec l'entière perception des récoltes.

Canton des Saintes-Maries. —Les domaines ruraux s'afferment pour six ou neuf ans, rarement pour trois ans. Les parcelles de terres détachées s'afferment pour deux ans, l'assolement étant biennal. Le 1er novembre est l'époque d'entrée en jouissance. Le prix du fermage se paye partie au mois de mai, pour la part afférente aux herbages, et partie à la Saint-Gilles (3 septembre), pour la part afférente à la récolte des grains. Le délai pour donner congé est d'un an, et il doit être donné, au plus tard, avant le 1er novembre. Indépendamment des réparations locatives indiquées par la loi, le fermier est tenu de l'entretien des cabanes en roseaux. Il doit de plus transporter les matériaux nécessaires aux réparations qui sont à la charge du propriétaire. La tacite réconduction s'induit des faits de jouissance après l'expiration du bail. Pour faciliter la transition d'un bail qui finit à un bail qui commence, on observe les dispositions de l'article 1777 du Code Napoléon; des arrangements amiables interviennent toujours.

Observation générale de la Commission centrale. — Nous avons vu que dans presque tout le département il est d'usage de donner congé, alors que la loi n'impose pas cette obligation. Cette pratique constante, qui était suivie avant la promulgation du Code, s'est maintenue; elle a, sans contredit, des avantages, car elle permet aux propriétaires et aux fermiers d'être fixés sur ce qu'ils ont à faire avant l'expiration du bail; mais, en l'état de la législation actuelle, elle n'est pas obligatoire.

—

SECTION III. — DU BAIL A MOITIÉ FRUITS.

(Art. 1763 Cod. Nap.)

Le bail à moitié fruit est un contrat qui tient du louage et de la société. Du louage, puisque le colon partiaire vient occuper les lieux, les exploiter en donnant au bailleur, pour prix de la location, la moitié des produits; de la société, puisque le propriétaire met en commun la jouissance de son domaine en fournissant tout ou partie des semences, suivant les localités, quelquefois des engrais, pour avoir droit à la moitié des fruits, pendant que le colon partiair apporte son temps et son travail.

Le bail à moitié fruit est très usité dans le département des Bouches-du-Rhône. Il n'est pas un canton, pas une commune où il ne soit en usage. Les règles, à peu d'exceptions près, sont partout les mêmes pour ce genre d'exploitation; nous allons les indiquer, et lorsqu'un usage sera différent dans un canton, nous aurons soin de le dire.

On applique généralement au bail à moitié fruits les règles que l'usage a consacrées pour le bail à ferme, et que nous avons déjà signalées, au sujet de la durée des baux, des époques d'entrée et de sortie, des facilités à procurer par le colon entrant au colon sortant, et réciproquement, et des divers genres d'assolement.

Le propriétaire, le plus souvent, est obligé de faire au colon partiaire les avances des semences de tous grains qui sont destinés à être partagés, et il les prélève avant partage, au moment de la récolte. Il fournit aussi tous les objets nécessaires à l'exploitation. Les futailles de la cave sont entretenues par le propriétaire, le prix du mastic est payé par moitié. Le colon est chargé de laver et de soigner la cave. Le propriétaire fait tailler et cultiver à ses frais les nouvelles plantations de vignes et d'arbres pendant trois ans, jusqu'à ce qu'ils soient en rapport. Le tourteau, cet engrais que chaque année l'on emploie en plus grande quantité dans l'exploitation agricole, est fourni par le propriétaire et le colon partiaire dans des proportions qui varient suivant les localités. Dans les unes, le propriétaire fournit les deux tiers; dans les autres, la moitié seulement.

Le colon partiaire fait à ses frais tous les travaux, toutes les cultures et toutes les récoltes. Il est tenu de transporter au domicile du propriétaire ou au marché la moitié des récoltes lui revenant. Il est obligé de transporter dans le domaine les pailles et les engrais achetés par le propriétaire. La paille et le fumier, produits de la propriété, ne peuvent en être divertis. Le colon partiaire doit laisser, en sortant, les cultures qu'il a trouvées en entrant.

Le bail à moitié fruit ayant les caractères du contrat de société, tous les produits sont partagés par égales portions, sauf les exceptions ci-après :

Les fruits des arbres d'un jardin fruitier sont réservés au propriétaire. Le colon doit tailler tous ces arbres tous les deux ans. Le petit bois provenant de cette opération lui appartient. Après avoir avisé le propriétaire, il arrache les arbres à fruits morts, et il profite du petit bois et des racines, le gros bois appartient au propriétaire, le colon doit le porter à son domicile.

Chaque année, il doit tailler la vigne. Les sarments sont partagés. Il doit de plus donner au propriétaire douze œufs par chaque poule, deux poulets par couvée et cinq jeunes lapins par mères entretenues dans le domaine.

Telles sont les règles généralement admises en matière de bail à mi-fruits; nous allons indiquer les exceptions qui peuvent y être apportées dans chaque canton.

Arrondissement de Marseille.

Cantons de Marseille. — Le vin ne se partage par égales portions que si le colon fournit les engrais nécessaires. Si cette fourniture est faite par le propriétaire, le colon n'a droit qu'au tiers de la récolte du vin.

Canton de Roquevaire. — Le colon partiaire est obligé de fournir les engrais et tous les instruments aratoires nécessaires à l'exploitation. Le vin est alors partagé par égale part. Si le propriétaire fournit une portion de l'engrais, il a droit aux deux tiers de cette récolte.

Canton d'Aubagne. — Quelquefois le vin ne se partage pas par égales portions, les trois cinquièmes de la récolte appartiennent au propriétaire.

Canton de La Ciotat. — A Cassis, le colon partiaire n'a droit qu'à un tiers de la récolte du vin. Dans les grandes propriétés de La Ciotat, il a droit à deux cinquièmes; à Ceyreste, Roquefort et dans les petites exploitations du chef-lieu, il a droit à la moitié.

Le colon est tenu de transporter au domicile du propriétaire tous les produits, même les fruits des arbres fruitiers.

Les baux commencent à la Toussaint (1er novembre). Le colon partiaire qui doit entrer à cette époque peut commencer les travaux au mois de mars. Les baux n'ont pas de durée déterminée. Lorsque l'une des parties est dans l'intention d'en faire cesser l'effet, elle en prévient l'autre aux fêtes de Noël (25 décembre). Le délai de rigueur n'expire cependant qu'aux fêtes de Pâques.

Observation de la Commission centrale. — L'usage de La Ciotat, qui veut que les baux n'aient pas de durée déterminée, est contraire à la loi, il convient donc d'appliquer, sur ce point et sur l'obligation où l'on est de donner congé, les observations présentées sur les usages du canton de Trets, section *Bail à ferme.*

Arrondissement d'Aix.

Cantons d'Aix. — Le colon partiaire est autorisé à faire pour son compte personnel, sans partage, mais dans de justes limites, du fourrage appelé *bargelade*, qu'il consomme dans la métairie.

Canton de Salon. — Les pailles et autres litières doivent être converties en engrais et enfouies dans les terres du domaine. Néanmoins, s'il n'y a pas de maison d'exploitation, le propriétaire peut réclamer la moitié des pailles, moyennant le payement de la moitié des frais de louage des bêtes employées au foulage des grains.

Canton de Martigues. — La durée des baux à mi-fruits est de deux ans, parce qu'on suit l'assolement qui est biennal. L'entrée en jouissance a lieu dans le courant du mois de juillet, et la sortie en fin septembre. Le congé doit être donné six mois avant l'expiration de la période des deux ans.

Les régles générales que nous avons indiquées au commencement de la section sont suivies dans le canton.

Observation de la Commission centrale. — Sur l'usage de donner congé, voir les observations faites à la fin de la section II, relative au *Bail à ferme*.

Canton d'Istres. — Lorsque le colon partiaire fait des défrichements, il a droit aux deux tiers des grains récoltés sur les terres ainsi défrichées.

Indépendamment des frais de culture, le colon doit payer les cotes d'arrosage.

Canton de Trets. — Les engrais manquants sont fournis, et les travaux extraordinaires sont faits à frais communs. Souvent le colon a droit aux deux tiers des légumes récoltés dans la propriété.

Cantons de Lambesc, de Gardanne, de Berre et de Peyrolles. — Pas d'exception aux règles générales indiquées au commencement de la section.

Cantons d'Arles et de Tarascon. —La semence est fournie moitié par le propriétaire et moitié par le colon partiaire. Celui-ci est obligé de transporter à ses frais la part donnée par le propriétaire. Il doit de plus garnir la métairie de tous les instruments aratoires et du bétail nécessaires à l'exploitation du domaine. Les cotes d'arrosage sont payées par moitié. Les frais de dépicage des grains sont prélevés en nature sur la récolte : le colon ne les supporte pas seul.

Canton de Saint-Remy. —Les semences sont fournies moitié par le propriétaire, moitié par le colon partiaire. A l'époque des moissons et du foulage des blés, le propriétaire a le droit de placer aux frais du colon un homme de confiance appelé *bayle*, pour surveiller toutes les opérations.

Les travaux faits à la charrue sont supportés entièrement par le colon, mais le propriétaire contribue pour un tiers à ceux faits à bras.

Canton de Château-Renard. —Les frais d'extraction de la garance sont supportés pour un tiers par le propriétaire, s'il veut laisser semer le colon sur le gueret ; s'il veut semer lui même, il en supporte les deux tiers.

Canton d'Orgon. —Pas d'exceptions aux règles générales indiquées au commencement de la section.

Canton d'Eyguières. — Le colon partiaire doit garnir la ferme des instruments aratoires et des animaux nécessaires à l'exploitation. Les semences sont fournies par moitié. Les divers produits se partagent par égales parts.

Canton des Saintes-Maries. — Le colon dispose des pailles, mais il doit rendre à la terre autant de charretées de fumier qu'il a retiré de charretées de gerbes.

La vigne n'est jamais comprise dans le bail à mi-fruits.

—

SECTION IV. — DU LOUAGE DES DOMESTIQUES.

(Art. 1780, 1155, 1159 Cod. Nap.)

A quelle époque se gagent habituellement les domestiques pour les maisons et pour les fermes? Sont-ils gagés à l'année, de manière qu'ils ne puissent quitter qu'au terme convenu, ou, au contraire, le sont-ils à tant par an, de telle sorte que la volonté de l'une des parties suffise pour résoudre en tout temps le contrat de louage, sans indemnité de part ni d'autre? Est-il d'usage dans ces différents cas de donner congé en temps déterminé d'avance? Si un délai existe, quel est-il? *Quid* des nourrices?

Arrondissement de Marseille.

Les domestiques pour les maisons et pour les fermes sont gagés à mois et non à l'année. Il n'y a pas d'époque fixe pour leur entrée au service. Ils peuvent quitter leur maître quand ils veulent, en l'avertissant huit jours d'avance. Le maître a le droit de les congédier aux mêmes conditions. En cas de renvoi avant l'expiration de la huitaine qui a suivi l'avis donné, la huitaine est payée en entier ou au prorata du jour à courir pour la compléter. Si le domestique sort avant la fin de la huitaine, le maître a le droit de retenir sur les gages acquis le prix des jours qui restent pour compléter la huitaine.

Les grangers qui sont attachés à une exploitation rurale sont loués à tant l'année ; ils ne peuvent sortir qu'après l'expiration du terme convenu. Ils doivent donner ou recevoir congé, au plus tard, le 24 juin. Ils commencent l'exploitation aux fêtes de Noël (25 décembre).

Les nourrices sont gagées au mois. Le délai pour se donner congé est ordinairement de quinze jours. Si ce délai n'était pas observé, les parties se devraient une indemnité que l'usage ne fixe point, mais qui, en cas de contestation, serait déterminée par le juge.

Arrondissement d'Aix.

Les domestiques attachés à la personne sont engagés à mois, les valets de ferme, dans lesquels on comprend le *tout-œuvre*, les bouviers et les bergers, sont engagés pour l'année. Les gages des uns et des autres sont payables par mois révolus. Dans le canton de Berre, pourtant, les gages des valets de ferme restent dans les mains du propriétaire qui les a loués, comme une garantie des dommages qu'ils peuvent causer ou de leur départ avant la fin de leur engagement. Ils reçoivent, dans le courant de l'année, des à-comptes.

Les valets de ferme entrent en condition le 8 ou le 29 septembre, suivant que les baux à ferme ou à mégerie commencent à cette époque. Les domestiques attachés à la personne entrent à toutes les époques indistinctement.

Les congés ne se donnent qu'aux domestiques attachés à la personne. Ils sont réciproques entre eux et les maitres, en se prévenant huit jours d'avance, et cela quelle que soit l'époque du mois à laquelle on se trouve. Le domestique congédié brusquement a droit à ses gages et à sa nourriture jusqu'à l'expiration de cette huitaine, à moins que son renvoi n'ait été motivé par une faute grave envers son maître; et réciproquement le domestique qui quitte son maître, sans le mettre en demeure, perd le prix de huit jours sur ses gages acquis.

Les valets de ferme sont libres, par cela seul que le maître n'a pas traité de nouveau avec eux, lorsque les deux tiers de l'année sont écoulés. A Aix, pourtant, le congé doit se donner, au plus tard, dans la huitaine de Pâques.

Dans le canton de Berre, si les valets quittent leur maître sans motifs du 25 septembre au 25 décembre, le maître n'a rien à retenir sur les gages acquis. Il y a compensation entre les bonnes journées d'octobre et les mauvaises journées de novembre et décembre; s'ils le quittent dans le reste de l'année, le maître peut leur faire une retenue sur leurs gages acquis. Pareillement, si le maître congédie sans motifs son valet, il doit ou ne doit pas d'indemnité, suivant la distinction des époques.

Dans le reste de l'arrondissement, le valet qui rompt son engagement sans un motif légitime est astreint à se faire remplacer à ses frais par un homme capable d'exécuter le même travail, et par conséquent à payer l'augmentation de salaire que peut exiger son remplaçant. Si le maître congédie le valet avant le temps, il est obligé de lui donner une indemnité proportionnée au salaire qu'il perd, jusqu'à ce qu'il ait pu se placer avec un égal avantage pour le reste du temps à courir.

Tous les domestiques sont hébergés et nourris, et ont

droit au blanchissage de leur linge. Ils sont tenus de laisser visiter leurs effets par leur maître avant leur sortie. Le maître supporte les frais de voyage du domestique qu'il appelle du dehors, il doit même payer le retour, s'il le congédie après un court service et sans un motif grave.

Les valets de ferme et les domestiques qui tombent malades subissent sur leurs gages une réduction proportionnée à la durée de la maladie, ou payent un journalier qui les a remplacés. Les valets payent encore les mémoires des médecins et pharmaciens. Quant au domestique attaché à la personne, les frais de maladie sont supportés par le maître, s'il consent à le garder et à le faire soigner dans la maison.

Les bergers, avons-nous dit, sont au nombre des serviteurs qui s'engagent à l'année, ou pour une partie déterminée de l'année. Les règles concernant les valets de ferme leur sont donc applicables. Ils ont en outre la faculté d'avoir *une garde*, c'est-à-dire un certain nombre de brebis leur appartenant, proportionné à l'importance du troupeau confié à leur garde. C'est un avantage qu'on leur fait. Ils retirent eux-mêmes le produit du croît et de la toison. Le laitage est confondu avec celui du troupeau et profite au maître. *La garde* se nourrit avec le troupeau, c'est pour le maître une garantie et un gage de bon service. Quand le berger quitte, il emmène *sa garde* avec lui. Si quelque maladie contagieuse se manifeste dans le troupeau, le berger est obligé d'en avertir sans retard le propriétaire, afin qu'il puisse remplir les formalités que la loi impose, et prendre les mesures que la prudence commande. Les bergers sont responsables du dommage que fait le troupeau chez leur maître et chez autrui.

Les nourrices dans la maison sont en tous points assimilées aux domestiques attachés à la personne. Elles ne s'occupent que de leur nourrisson. Quand elles nourrissent au dehors, elles reçoivent mensuellement, indépendamment du prix convenu et payé d'avance, une quantité de savon proportionnée au chiffre de leur gage. Dans tous les cas, les congés se donnent huit jours d'avance. Lorsque le nourrisson leur est enlevé, si le mois n'est pas expiré, elles ont néanmoins droit au payement intégral.

Arrondissement d'Arles.

Les règles que nous venons d'indiquer en nous occupant, dans l'arrondissement d'Aix, des domestiques attachés à la personne, et des nourrices, sont celles que l'on applique dans l'arrondissement d'Arles. Elles s'appliquent aussi aux ménagères des fermes, appelées *tentes de mas*, qui sont des domestiques, et aux bergers, sauf les modifications que nous verrons ci-après.

Le louage des domestiques destinés à la culture des terres, connus sous la dénomination de valets de ferme, gardiens de juments, charretiers, laboureurs, bouviers, jardiniers, etc., etc., se fait habituellement pour un an. Quelquefois, cependant, on ne les loue que pour le temps des travaux auxquels on les destine.

Tous ces domestiques, sauf quelques exceptions que nous indiquerons plus tard, sont soumis aux diverses obligations qui sont imposées par le règlement contenant tarif fait et approuvé par le conseil municipal de la ville d'Arles, le 25 octobre 1676, autorisé et homologué par arrêt du Parlement de Provence, le 28 janvier 1677. Le tarif établit une échelle de proportion qui a pour but de régler ce que doit le propriétaire à son domestique pour le temps qu'il a servi, suivant les saisons, s'il vient à le quitter avant la fin de l'année, engagé qu'il est à raison d'une somme déterminée pour l'année. Voici le règlement et le tarif :

TENEUR DU SUSDIT RÈGLEMENT.

Les valets qui quitteront leurs maîtres sans cause légitime, non-seulement perdront les gages qu'ils auront gagnés, mais encore, si leurs maîtres souffrent quelque chose par leur désertion, ils l'indemniseront ; et à ces fins, les nouveaux maîtres qui les loueront, après avoir été avertis de leurdite désertion, seront obligés de se tenir saisis de leurs gages, comme séquestres et dépositaires de justice, sans pouvoir opposer d'avoir payé par avance, pour être employés, lesdits gages séquestrés, à payer l'indemnité des maîtres désertés ; ce qui sera aussi observé à l'égard des valets et lougadiers, lesquels, après s'être loués à un maître, lui manquent de parole et se louent à d'autres maîtres.

L'avertissement qui doit être fait aux nouveaux maîtres des valets ou lougadiers qui ont déserté ou manqué de parole, sera fait par un simple acte, contenant qu'à la requête du maître qui se plaint, il est mis en notice au nouveau maître, que le valet ou lougadier qu'il a à son service a déserté ou manqué de parole.

Le payement des gages des valets sera fait par les maîtres sur le pied du tarif général dressé pour ce sujet, ci-après inséré, partie gré à gré, et le restant au jour du terme du service accompli, ou du congé pris pour cause légitime, à peine de tous dépens, dommages et intérêts contre les maîtres en faveur des valets.

Les valets qui ne serviront qu'à trois lieues de distance de la ville ne pourront prendre aucun temps pour y venir et pour s'en retourner à la ménagerie, mais bien pourront y aller et revenir les jours des fêtes.

Ceux qui serviront au-delà de trois lieues jusques à quatre, les maîtres seront obligés de leur accorder la moitié d'un jour pour aller à la ville et en revenir, outre les jours des fêtes.

Ceux qui serviront au-delà de quatre lieues de distance, les maîtres leur accorderont un jour entier pour aller et revenir, outre lesdits jours de fêtes, en façon que si ledit jour est pris avant la fête, il faudra que les valets s'en retournent à la ménagerie ledit jour de fête, et s'ils vont à la ville le jour de fête, ils ne seront obligés de s'en retourner à ladite ménagerie que le lendemain, le tout au choix et option des valets, ce qui sera aussi observé à l'égard de ceux qui n'auront que le demi-jour.

Ledit jour ou demi-jour qui sera donné, suivant la distance des lieux, ne pourra être pris que cinq fois dans l'année, et dans divers temps, au choix toutefois et option des valets, pourvu que ce ne soit dans le temps des moissons, des aires et des semences.

Les valets ou lougadiers qui se loueront pour un emploi duquel ils ne seront pas capables, seront tenus à l'indemnité des maîtres qui les auront loués.

Lesdits valets ou lougadiers qui manquent d'aller à la messe les jours des dimanches et fêtes sans cause légitime, payeront un franc cinquante centimes d'amende toutes les fois qu'ils auront manqué, applicables à l'hôpital de la Charité de ladite ville.

Lorsque lesdits valets et lougadiers ne se trouveront pas les jours des dimanches et fêtes aux heures des repas, ne pourront demander autre chose que le pain et le vin ordinaire du ménage.

Ceux qui auront permission de leurs maîtres d'aller à la ville sur un cheval ou autre bête, seront obligés de les loger dans l'écurie de leursdits maîtres, à peine de six francs d'amende applicables audit hôpital de la Charité, et de payer outre ce leur indemnité si leursdits maîtres en souffrent quelque chose.

Les valets qui auront été loués pour labourer la terre, seront obligés de faire les autres travaux ordinaires du ménage lorsque leur maîtres le leur commanderont, même de garder le bétail gros et menu pendant huit jours, lorsque les gardiens du même bétail seront malades ou absents pour cause légitime, sans pouvoir opposer qu'ils n'ont pas été loués pour cet emploi, à peine de trois francs d'amende toutes les fois qu'ils refuseront de le faire, applicables comme dessus.

Ceux qui auront permission de faire du bois, ne pourront le porter à la ville sans avoir un billet de leurs maîtres, à peine de confiscation dudit bois en faveur de leursdits maîtres, et de six francs d'amende applicables audit hôpital de la Charité, ce qui sera pareillement observé à l'égard de ceux ou celles qui glanent les épis après les moissons.

Ne pourront lesdits valets, sous quelque prétexte que ce soit, prendre les œufs des poules et autres animaux domestiques de leurs maîtres, en quel endroit qu'ils puissent les trouver, pas même quand ils les trouveraient à la campagne, à peine de douze francs d'amende et d'être poursuivis criminellement comme larrons domestiques.

Tout ce qui a été réglé ci-dessus à l'égard des valets sera observé par les gardes bêtes, lesquels se trouveront compris sous le nom de valets, sauf à l'égard des bergers en qui regarde tant seulement leurs gages, pour lesquels il en sera usé suivant la coutume.

Et d'autant qu'il arrive journellement de contestations entre les maîtres et valets pour raison de leurs gages, lorsqu'ils n'accomplissent pas entièrement le temps de leur service, soit à cause de maladie qu'autrement, pour régler ce qui leur doit être donné pour le temps qu'ils ont suivi, attendu que le service est plus ou moins considérable, suivant les diverses saisons de l'année, il a été dressé un tarif pour décider toutes lesdites contestations, en la manière ci-après, qui commence sur le pied de trente francs l'année, et finit sur le pied de sept cent cinquante francs aussi l'année, par le moyen duquel chaque ménager peut faire très facilement le compte des gages de ses valets.

TARIF GÉNÉRAL DES GAGES DES VALETS DE LA MÉNAGERIE
DE LA VILLE D'ARLES.

Sur le pied de 30 francs par an.			Il revient par journée.		
En Janvier, *rien*	» fr.	» c.	» fr.	» c.
Février	»	75	»	3
Mars	1	50	»	5
Avril	3	»	»	10
Mai	3	75	»	13
Juin	4	50	»	15
Juillet	4	50	»	15
Août	5	75	»	15
Septembre	3	»	»	10
Octobre	3	»	»	10
Novembre	2	25	»	8
Décembre, *rien*	»	»	»	»

Sur le pied de 55 francs par an.			Il revient par journée.		
En Janvier, *rien*..	» fr.	» c.	» fr.	» c.
Février..	»	82	»	5
Mars.	1	65	»	6
Avril.	5	50	»	11
Mai.	4	13	»	14
Juin..	4	95	»	17
Juillet.	4	95	»	17
Août.	4	12	»	14
Septembre..	3	30	»	11
Octobre.	5	30	»	11
Novembre.	2	48	»	9
Décembre, *rien*.	»	»	»	»

Sur le pied de 56 francs par an.			Il revient par journée.		
En Janvier, *rien*..	» fr.	» c.	» fr.	» c.
Février..	»	90	»	5
Mars.	1	80	»	6
Avril.	3	60	»	12
Mai.	4	50	»	15
Juin.	5	40	»	18
Juillet.	5	40	»	18
Août.	4	50	»	15
Septembre..	3	60	»	12
Octobre.	3	60	»	12
Novembre.	2	70	»	9
Décembre, *rien*.	»	»	»	»

Sur le pied de 59 francs par an.			Il revient par journée.		
En Janvier, *rien*..	» fr.	» c.	» fr.	» c.
Février..	»	97	»	4
Mars.	1	95	»	7
Avril.	5	90	»	15
Mai.	4	88	»	17
Juin..	5	85	»	20
Juillet.	5	85	»	20
Août.	4	87	»	17
Septembre..	3	90	»	15
Octobre.	5	90	»	15
Novembre.	2	95	»	10
Décembre, *rien*.	»	»	»	»

Sur le pied de 42 francs par an.			Il revient par journée.		
En Janvier, *rien*.	» fr.	» c.	» fr.	» c.
Février.	1	5	»	4
Mars.	2	10	»	7
Avril.	4	20	»	14
Mai.	5	25	»	18
Juin.	6	30	»	21
Juillet.	6	30	»	21
Août.	5	25	»	18
Septembre.	4	20	»	14
Octobre.	4	20	»	14
Novembre.	3	15	»	11
Décembre, *rien*.	»	»	»	»

Sur le pied de 45 francs par an.			Il revient par journée.		
En Janvier, *rien*.	» fr.	» c.	» fr.	» c.
Février.	1	12	»	4
Mars.	2	25	»	8
Avril.	4	50	»	15
Mai.	5	63	»	19
Juin.	6	75	»	23
Juillet.	6	75	»	23
Août.	5	62	»	19
Septembre.	4	50	»	15
Octobre.	4	50	»	15
Novembre.	3	38	»	12
Décembre, *rien*.	»	»	»	»

Sur le pied de 48 francs par an.			Il revient par journée.		
En Janvier, *rien*.	» fr.	» c.	» fr.	» c.
Février.	1	20	»	4
Mars.	2	40	»	8
Avril.	4	80	»	16
Mai.	6	»	»	20
Juin.	7	20	»	24
Juillet.	7	20	»	24
Août.	6	»	»	20
Septembre.	4	80	»	16
Octobre.	4	80	»	16
Novembre.	3	60	»	12
Décembre, *rien*.	»	»	»	»

9

Sur le pied de 51 francs par an.			Il revient par journée.		
En Janvier, *rien*..	» fr.	» c.	» fr.	» c.
Février..	1	27	»	5
Mars.	2	55	»	9
Avril.	5	10	»	17
Mai.	6	38	»	22
Juin..	7	65	»	26
Juillet..	7	65	»	26
Août.	6	38	»	22
Septembre..	5	10	»	17
Octobre.	5	10	»	17
Novembre..	3	82	»	13
Décembre, *rien*.	»	»	»	»

Sur le pied de 54 francs par an.			Il revient par journée.		
En Janvier, *rien*..	» fr.	» c.	» fr.	» c.
Février..	1	35	»	5
Mars.	2	70	»	9
Avril.	5	40	»	18
Mai.	6	75	»	23
Juin..	8	10	»	27
Juillet.	8	10	»	27
Août.	6	75	»	23
Septembre..	5	40	»	18
Octobre.	5	40	»	18
Novembre..	4	5	»	14
Décembre, *rien*.	»	»	»	»

Sur le pied de 57 francs par an.			Il revient par journée.		
En Janvier, *rien*..	» fr.	» c.	» fr.	» c.
Février..	1	42	»	5
Mars.	2	85	»	10
Avril.	5	70	»	19
Mai.	7	13	»	24
Juin..	8	55	»	29
Juillet.	8	55	»	29
Août.	7	12	»	24
Septembre..	5	70	»	19
Octobre.	5	70	»	19
Novembre..	4	28	»	15
Décembre, *rien*.	»	»	»	»

Sur le pied de 60 francs par an.			Il revient par journée.	
En Janvier, *rien*..	» fr.	» c.	» fr.	» c.
Février..	1	50	»	5
Mars.	3	»	»	10
Avril.	6	»	»	20
Mai.	7	50	»	25
Juin..	9	»	»	30
Juillet.	9	»	»	30
Août.	7	50	»	25
Septembre..	6	»	»	20
Octobre.	6	»	»	20
Novembre.	4	50	»	15
Décembre, *rien*.	»	»	»	»

Sur le pied de 63 francs par an.			Il revient par journée.	
En Janvier, *rien*..	» fr	» c.	» fr.	» c.
Février..	1	57	»	6
Mars.	3	15	»	11
Avril.	6	30	»	21
Mai.	7	88	»	27
Juin..	9	45	»	32
Juillet.	9	45	»	32
Août.	7.	87	»	27
Septembre..	6	30	»	21
Octobre.	6	30	»	21
Novembre..	4	73	»	17
Décembre, *rien*.	»	»	»	»

Sur le pied de 66 francs par an.			Il revient par journée.	
En Janvier, *rien*..	» fr.	» c.	» fr.	» c.
Février..	1	65	»	6
Mars.	3	30	»	11
Avril.	6	60	»	22
Mai..	8	25	»	28
Juin..	9	90	»	33
Juillet.	9	90	»	33
Août.	8	25	»	28
Septembre..	6	60	»	22
Octobre.	6	60	»	22
Novembre..	4	95	»	17
Décembre, *rien*.	»	»	»	»

Sur le pied de 69 francs par an.			Il revient par journée.		
En Janvier, *rien*.	» fr.	» c.	» fr.	» c.
Février.	1	72	»	6
Mars.	3	45	»	12
Avril.	6	90	»	23
Mai.	8	63	»	29
Juin.	10	35	»	35
Juillet.	10	35	»	35
Août.	8	62	»	29
Septembre.	6	90	»	23
Octobre.	6	90	»	23
Novembre.	5	18	»	28
Décembre, *rien*.	»	»	»	»

Sur le pied de 72 francs par an.			Il revient par journée.		
En Janvier, *rien*.	» fr.	» c.	» fr.	» c.
Février.	1	80	»	6
Mars.	3	60	»	12
Avril.	7	20	»	24
Mai.	9	»	»	30
Juin.	10	80	»	36
Juillet.	10	80	»	36
Août.	9	»	»	30
Septembre.	7	20	»	24
Octobre.	7	20	»	24
Novembre.	5	40	»	18
Décembre, *rien*.	»	»	»	»

Sur le pied de 75 francs par an.			Il revient par journée.		
En Janvier, *rien*.	» fr.	» c.	» fr.	» c.
Février.	1	87	»	7
Mars.	3	75	»	13
Avril.	7	50	»	25
Mai.	9	38	»	32
Juin.	11	25	»	38
Juillet.	11	25	»	38
Août.	9	37	»	32
Septembre.	7	50	»	25
Octobre.	7	50	»	25
Novembre.	5	63	»	19
Décembre, *rien*.	»	»	»	»

Sur le pied de 78 francs par an.			Il revient par journée.		
En Janvier, rien..	» fr.	» c.	» fr.	» c.	
Février..	1	95	»	7	
Mars.	3	90	»	13	
Avril.	7	80	»	26	
Mai.	9	75	»	33	
Juin.	11	70	»	39	
Juillet.	11	70	»	39	
Août.	9	75	»	33	
Septembre..	7	80	»	26	
Octobre.	7	80	»	26	
Novembre..	5	85	»	20	
Décembre, rien.	»	»	»	»	

Sur le pied de 81 francs par an.			Il revient par journée.		
En Janvier, rien..	» fr.	» c.	» fr.	» c.	
Février..	2	2	»	7	
Mars.	4	5	»	14	
Avril.	8	10	»	27	
Mai.	10	13	»	34	
Juin..	12	15	»	41	
Juillet.	12	15	»	41	
Août.	10	13	»	34	
Septembre..	8	10	»	27	
Octobre.	8	10	»	27	
Novembre..	6	7	»	21	
Décembre, rien.	»	»	»	»	

Sur le pied de 84 francs par an.			Il revient par journée.		
En Janvier, rien..	» fr.	» c.	» fr.	» c.	
Février..	2	10	»	7	
Mars.	4	20	»	14	
Avril.	8	40	»	28	
Mai.	10	50	»	35	
Juin..	12	60	»	42	
Juillet.	12	60	»	42	
Août.	10	50	»	35	
Septembre..	8	40	»	28	
Octobre.	8	40	»	28	
Novembre..	6	50	»	21	
Décembre, rien.	»	»	»	»	

Sur le pied de 87 francs par an.			Il revient par journée.	
En Janvier, rien.	» fr.	» c.	» fr.	» c.
Février..	2	17	'»	8
Mars.	4	35	»	15
Avril.	8	70	»	29
Mai.	10	88	»	37
Juin.	13	5	»	44
Juillet.	13	5	»	44
Août.	10	87	»	37
Septembre..	8	70	»	29
Octobre.	8	70	»	29
Novembre..	6	53	»	22
Décembre, *rien.*	»	»	»	»

Sur le pied de 90 francs par an.			Il revient par journée.	
En Janvier, rien.	» fr.	» c.	» fr.	» c.
Février.	2	25	»	8
Mars.	4	50	»	15
Avril.	9	»	»	30
Mai.	11	25	»	38
Juin.	13	50	»	45
Juillet.	13	50	»	45
Août.	11	25	»	38
Septembre.	9	»	»	30
Octobre.	9	»	»	30
Novembre..	6	75	»	25
Décembre, *rien.*	»	»	»	»

Sur le pied de 93 francs par an.			Il revient par journée.	
En Janvier, rien.	» fr.	» c.	» fr.	» c.
Février.	2	52	»	8
Mars.	4	65	»	16
Avril.	9	30	»	31
Mai.	11	63	»	39
Juin.	13	95	»	47
Juillet.	13	95	»	47
Août.	11	62	»	39
Septembre.	9	30	»	31
Octobre.	9	30	»	31
Novembre..	6	98	»	24
Décembre, *rien.*	»	»	»	»

Sur le pied de 96 francs par an.			Il revient par journée.		
En Janvier, *rien*	» fr.	» c.	» fr.		» c.
Février	2	40	»	8	
Mars	4	80	»	16	
Avril	9	60	»	32	
Mai	12	»	»	40	
Juin	14	40	»	48	
Juillet	14	40	»	48	
Août	12	»	»	40	
Septembre	9	60	»	32	
Octobre	9	60	»	32	
Novembre	7	20	»	24	
Décembre, *rien*	:»	»	»	»	

Sur le pied de 99 francs par an.			Il revient par journée.		
En Janvier, *rien*	» fr.	» c.	» fr.		» c.
Février	2	47	»	9	
Mars	4	95	»	17	
Avril	9	90	»	33	
Mai	12	38	»	42	
Juin	14	85	»	50	
Juillet	14	85	»	50	
Août	12	37	»	42	
Septembre	9	90	»	33	
Octobre	9	90	»	33	
Novembre	7	43	»	25	
Décembre, *rien*	»	»	»	»	

Sur le pied de 102 francs par an.			Il revient par journée.		
En Janvier, *rien*	» fr.	» c.	» fr.		» c.
Février	2	55	»	9	
Mars	5	10	»	17	
Avril	10	20	»	34	
Mai	12	75	»	43	
Juin	15	30	»	51	
Juillet	15	30	»	51	
Août	12	75	»	43	
Septembre	10	20	»	34	
Octobre	10	20	»	34	
Novembre	7	65	»	26	
Décembre, *rien*	»	»	»	»	

Sur le pied de 105 *francs par an.*					Il revient par journée.		
En Janvier, *rien.*	»	fr.	»	c.	»	fr.	» c.
Février.	2	62			»		9
Mars.	5	25			»		18
Avril.	10	50			»		55
Mai.	13	13			»		44
Juin.	15	75			»		53
Juillet.	15	75			»		53
Août.	13	12			»		44
Septembre.	10	50			»		55
Octobre.	10	50			»		55
Novembre.	7	88			»		27
Décembre, *rien.*	»	»			»		»

Sur le pied de 108 *francs par an.*					Il revient par journée.		
En Janvier, *rien.*	»	fr.	»	c.	»	fr.	» c.
Février.	2	70			»		9
Mars.	5	40			»		18
Avril.	10	80			»		36
Mai.	13	50			»		45
Juin.	16	20			»		54
Juillet.	16	20			»		54
Août.	13	50			»		45
Septembre.	10	80			»		36
Octobre.	10	80			»		36
Novembre.	8	10			»		27
Décembre, *rien.*	»	»			»		»

Sur le pied de 111 *francs par an.*					Il revient par journée.		
En Janvier, *rien.*	»	fr.	»	c.	»	fr.	» c.
Février.	2	77			»		10
Mars.	5	55			»		19
Avril.	11	10			»		37
Mai.	13	88			»		47
Juin.	16	65			»		56
Juillet.	16	65			»		56
Août.	13	88			»		47
Septembre.	11	10			»		37
Octobre.	11	10			»		37
Novembre.	8	52			»		28
Décembre, *rien.*	»	»			»		»

Sur le pied de 114 francs par an.			Il revient par journée.		
En Janvier, *rien*	» fr.	» c.	» fr.	» c.
Février.	2	85	»	10
Mars.	5	70	»	19
Avril.	11	40	»	38
Mai.	14	25	»	48
Juin.	17	10	»	57
Juillet.	17	10	»	57
Août.	14	25	»	48
Septembre.	11	40	»	38
Octobre.	11	40	»	38
Novembre.	8	55	»	29
Décembre, *rien*	»	»	»	»

Sur le pied de 117 francs par an.			Il revient par journée.		
En Janvier, *rien*	» fr.	» c.	» fr.	» c.
Février.	2	92	»	10
Mars.	5	85	»	20
Avril.	11	70	»	39
Mai.	14	63	»	49
Juin.	17	55	»	59
Juillet.	17	55	»	59
Août.	14	62	»	49
Septembre.	11	70	»	39
Octobre.	11	70	»	39
Novembre.	8	78	»	30
Décembre, *rien*	»	»	»	»

Sur le pied de 120 francs par an.			Il revient par journée.		
En Janvier, *rien*	» fr.	» c.	» fr.	» c.
Février.	5	»	»	10
Mars.	6	»	»	20
Avril.	12	»	»	40
Mai.	15	»	»	50
Juin.	18	»	»	60
Juillet.	18	»	»	60
Août.	15	»	»	50
Septembre.	12	»	»	40
Octobre.	12	»	»	40
Novembre.	9	»	»	30
Décembre, *rien*	»	»	»	»

Sur le pied de 125 francs par an.			Il revient par journée.		
En Janvier, rien.	» fr.	» c.	» fr.	» c.	
Février.	5	7	»	11	
Mars.	6	15	»	21	
Avril.	12	30	»	41	
Mai.	15	38	»	52	
Juin.	18	45	»	62	
Juillet.	18	45	»	62	
Août.	15	57	»	52	
Septembre.	12	30	»	41	
Octobre.	12	50	»	41	
Novembre.	9	23	»	32	
Décembre, rien.	»	»	»	»	

Sur le pied de 126 francs par an.			Il revient par journée.		
En Janvier, rien.	» fr.	» c.	» fr.	» c.	
Février.	5	15	»	11	
Mars.	6	30	»	21	
Avril.	12	60	»	42	
Mai.	15	75	»	53	
Juin.	18	90	»	63	
Juillet.	18	90	»	63	
Août.	15	75	»	53	
Septembre.	12	60	»	42	
Octobre.	12	60	»	42	
Novembre.	9	45	»	32	
Décembre, rien.	»	»	»	»	

Sur le pied de 129 francs par an.			Il revient par journée.		
En Janvier, rien.	» fr.	» c.	» fr.	» c.	
Février.	5	22	»	11	
Mars.	6	45	»	22	
Avril.	12	90	»	43	
Mai.	16	13	»	54	
Juin.	19	55	»	65	
Juillet.	19	35	»	65	
Août.	16	12	»	54	
Septembre.	12	90	»	43	
Octobre.	12	90	»	43	
Novembre.	9	68	»	53	
Décembre, rien.	»	»	»	»	

Sur le pied de 152 francs par an.			Il revient par journée.		
En Janvier, *rien*..	» fr.	» c.	» fr.	» c.
Février..	5	30	»	11
Mars.	6	60	»	22
Avril.	13	20	»	43
Mai.	16	50	»	55
Juin	19	80	»	66
Juillet.	19	80	»	66
Août.	16	50	»	55
Septembre..	13	20	»	43
Octobre.	13	20	»	43
Novembre..	9	90	»	33
Décembre , *rien*.	»	»	»	»

Sur le pied de 155 francs par an.			Il revient par journée.		
En Janvier, *rien*..	» fr.	» c.	» fr.	» c.
Février..	5	37	»	12
Mars.	6	75	»	25
Avril.	13	50	»	45
Mai.	16	88	»	57
Juin.	20	25	»	68
Juillet.	20	25	»	68
Août.	16	87	»	57
Septembre..	13	50	»	45
Octobre.	13	50	»	45
Novembre..	10	13	»	54
Décembre , *rien*.	»	»	»	»

Sur le pied de 158 francs par an.			Il revient par journée.		
En Janvier, *rien*.	» fr.	» c.	» fr.	» c.
Février..	5	45	»	12
Mars.	6	90	»	25
Avril.	13	80	»	46
Mai.	17	25	»	58
Juin.	20	70	»	69
Juillet.	20	70	»	69
Août.	17	25	»	58
Septembre..	13	80	»	46
Octobre.	13	80	»	46
Novembre..	10	33	»	55
Décembre , *rien*.	»	»	»	»

Sur le pied de 141 francs par an.			Il revient par journée.		
En Janvier, *rien*..	» fr.	» c.	» fr.		» c.
Février..	3	52	»		12
Mars.	7	5	»		24
Avril.	14	10	»		47
Mai.	17	65	»		59
Juin..	21	15	»		71
Juillet.	21	15	»		71
Août.	17	65	»		59
Septembre..	14	10	»		47
Octobre.	14	10	» ·		47
Novembre.	10	57	»		56
Décembre, *rien*.	»	»	»		»

Sur le pied de 144 francs par an.			Il revient par journée.		
En Janvier, *rien*..	» fr.	» c.	» fr.		» c.
Février..	3	60	»		12
Mars.	7	20	»		24
Avril.	14	40	»		48
Mai.	18	»	»		60
Juin..	21	60	»		72
Juillet.	21	60	»		72
Août.	18	»	»		60
Septembre..	14	40	»		48
Octobre.	14	40	»		48
Novembre.	10	80	»		56
Décembre, *rien*.	»	»	»		»

Sur le pied de 147 francs par an.			Il revient par journée.		
En Janvier, *rien*..	» fr.	» c.	» fr.		» c.
Février..	5	67	»		15
Mars.	7	55	»		25
Avril.	14	70	»		49
Mai.	18	38	»		62
Juin..	22	5	»		74
Juillet.	22	5	»		74
Août.	18	38	»		62
Septembre..	14	70	»		49
Octobre.	14	70	»		49
Novembre.	11	2	»		58
Décembre, *rien*.	»	»	»		»

Sur le pied de 150 francs par an.			Il revient par journée.		
En Janvier, rien.	» fr.	» c.	» fr.	» c.
Février.	3	75	»	13
Mars.	7	50	»	25
Avril.	15	»	»	50
Mai.	18	75	»	63
Juin.	22	50	»	75
Juillet.	22	50	»	75
Août.	18	75	»	63
Septembre.	15	»	»	50
Octobre.	15	»	»	50
Novembre.	11	25	»	38
Décembre, rien.	»	»	»	»

Sur le pied de 153 francs par an.			Il revient par journée.		
En Janvier, rien.	» fr.	» c.	» fr.	» c.
Février.	5	82	»	13
Mars.	7	65	»	26
Avril.	15	30	»	51
Mai.	19	15	»	64
Juin.	22	95	»	77
Juillet.	22	95	»	77
Août.	19	12	»	64
Septembre.	15	30	»	51
Octobre.	15	30	»	51
Novembre.	11	48	»	39
Décembre, rien.	»	»	»	»

Sur le pied de 156 francs par an.			Il revient par journée.		
En Janvier, rien.	» fr.	» c.	» fr.	» c.
Février.	3	90	»	13
Mars.	7	80	»	26
Avril.	15	60	»	52
Mai.	19	50	»	65
Juin.	23	40	»	79
Juillet.	23	40	»	79
Août.	19	50	»	65
Septembre	15	60	»	52
Octobre.	15	60	»	52
Novembre.	11	70	»	39
Décembre, rien.	»	»	»	»

Sur le pied de 159 francs par an.			Il revient par journée.		
En Janvier, rien..	» fr.	» c.	» fr.	» c.	
Février..	3	97	»	14	
Mars.	7	93	»	27	
Avril.	15	90	»	55	
Mai.	19	87	»	67	
Juin..	23	85	»	80	
Juillet.	23	85	»	80	
Août.	19	88	»	67	
Septembre..	15	90	»	53	
Octobre.	15	90	»	53	
Novembre..	11	93	»	40	
Décembre, rien..	»	»	»	»	

Sur le pied de 162 francs par an.			Il revient par journée.		
En Janvier, rien..	» fr.	» c.	» fr.	» c.	
Février..	4	5	»	14	
Mars.	8	10	»	27	
Avril.	16	20	»	54	
Mai.	20	25	»	68	
Juin..	24	30	»	81	
Juillet.	24	30	»	81	
Août.	20	25	»	68	
Septembre..	16	20	»	54	
Octobre.	16	20	»	54	
Novembre..	12	15	»	41	
Décembre, rien..	»	»	»	»	

Sur le pied de 165 francs par an.			Il revient par journée.		
En Janvier, rien..	» fr.	» c.	» fr.	» c.	
Février..	4	12	»	14	
Mars.	8	25	»	28	
Avril.	16	50	»	55	
Mai.	20	62	»	69	
Juin..	24	75	»	83	
Juillet.	24	75	»	83	
Août.	20	63	»	69	
Septembre..	16	50	»	55	
Octobre.	16	50	»	55	
Novembre..	12	38	»	42	
Décembre, rien..	»	»	»	»	

Sur le pied de 168 francs par an.			Il revient par journée.		
En Janvier, *rien*..	» fr.	» c.	» fr.	» c.	
Février..	4	20	»	14	
Mars.	8	40	»	28	
Avril.	16	80	»	56	
Mai.	21	»	»	70	
Juin..	25	20	»	84	
Juillet.	25	20	»	84	
Août.	21	»	»	70	
Septembre..	16	80	»	56	
Octobre.	16	80	»	56	
Novembre..	12	60	»	42	
Décembre , *rien*.	»	»	»	»	

Sur le pied de 171 francs par an.			Il revient par journée.		
En Janvier , *rien*..	» fr	» c.	» fr.	» c.	
Février..	4	27	»	15	
Mars.	8	55	»	29	
Avril.	17	10	»	57	
Mai.	21	58	»	72	
Juin..	25	65	»	86	
Juillet.	25	65	»	86	
Août.	21	37	»	72	
Septembre..	17	10	»	57	
Octobre.	17	10	»	57	
Novembre..	12	85	»	43	
Décembre , *rien*.	»	»	»	»	

Sur le pied de 174 francs par an.			Il revient par journée.		
En Janvier, *rien*..	» fr.	» c.	» fr.	» c.	
Février..	4	55	»	15	
Mars.	8	70	»	29	
Avril.	17	40	»	58	
Mai..	21	75	»	73	
Juin..	26	10	»	87	
Juillet.	26	10	»	87	
Août.	21	75	»	73	
Septembre..	17	40	»	58	
Octobre.	17	40	»	58	
Novembre..	13	5	»	44	
Décembre , *rien*.	»	»	»	»	

Sur le pied de 177 francs par an.			Il revient par journée.	
En Janvier, *rien*.	» fr.	» c.	» fr.	» c.
Février.	4	42	»	15
Mars.	8	85	»	50
Avril.	17	70	»	59
Mai.	22	13	»	74
Juin.	26	55	»	89
Juillet.	26	55	»	89
Août.	22	12	»	74
Septembre.	17	70	»	59
Octobre.	17	70	»	59
Novembre.	15	28	»	45
Décembre, *rien*.	»	»	»	»

Sur le pied de 180 francs par an.			Il revient par journée.	
En Janvier, *rien*.	» fr.	» c.	» fr.	» c.
Février.	4	50	»	15
Mars.	9	»	»	30
Avril.	18	»	»	60
Mai.	22	50	»	75
Juin.	27	»	»	90
Juillet.	27	»	»	90
Août.	22	50	»	75
Septembre.	18	»	»	60
Octobre.	18	»	»	60
Novembre.	13	50	»	45
Décembre, *rien*.	»	»	»	»

Sur le pied de 190 francs par an.			Il revient par journée.	
En Janvier, *rien*.	» fr.	» c.	» fr.	» c.
Février.	4	75	»	16
Mars.	9	50	»	32
Avril.	19	»	»	64
Mai.	23	75	»	80
Juin.	28	50	»	95
Juillet.	28	50	»	95
Août.	23	75	»	80
Septembre.	19	»	»	64
Octobre.	19	»	»	64
Novembre.	14	25	»	48
Décembre, *rien*.	»	»	»	»

Sur le pied de 200 francs par an.			Il revient par journée.		
En Janvier, *rien*.	» fr.	» c.	» fr.	» c.	
Février.	5	»	»	17	
Mars.	10	»	»	34	
Avril.	20	»	»	67	
Mai.	25	»	»	84	
Juin.	30	»	1	»	
Juillet.	30	»	1	»	
Août. . . ⸲	25	»	»	84	
Septembre.	20	»	»	67	
Octobre.	20	»	»	67	
Novembre.	15	»	»	50	
Décembre, *rien*.	»	ɒ	»	»	

Sur le pied de 210 francs par an.			Il revient par journée.		
En Janvier, *rien*.	» fr.	» c.	» fr.	». c.	
Février.	5	25	»	18	
Mars.	10	50	»	35	
Avril.	21	»	»	70	
Mai.	26	25	»	88	
Juin.	31	50	1	5	
Juillet.	31	50	1	5	
Août.	26	25	»	88	
Septembre.	21	»	»	70	
Octobre.	21	»	»	70	
Novembre.	15	75	»	53	
Décembre, *rien*.	»	»	»	»	

Sur le pied de 220 francs par an.			Il revient par journée.		
En Janvier, *rien*.	» fr.	» c.	» fr.	» c.	
Février.	5	50	»	19	
Mars.	11	»	»	37	
Avril.	22	»	»	74	
Mai.	27	50	»	92	
Juin.	33	»	1	10	
Juillet.	33	»	1	10	
Août.	27	50	»	92	
Septembre.	22	»	»	74	
Octobre.	22	»	»	74	
Novembre.	16	50	»	56	
Décembre, *rien*.	»	»	»	»	

Sur le pied de 230 francs par an.			Il revient par journée.	
En Janvier, *rien.*	» fr.	» c.	» fr.	» c.
Février..	5	75	»	20
Mars.	11	50	»	39
Avril.	23	»	»	77
Mai.	28	75	»	96
Juin..	34	50	1	15
Juillet.	34	50	1	15
Août.	28	75	»	96
Septembre..	23	»	»	77
Octobre.	23	»	»	77
Novembre.	17	25	»	58
Décembre, *rien.*	»	»	»	»

Sur le pied de 240 francs par an.			Il revient par journée.	
En Janvier, *rien.*	» fr.	» c.	» fr.	» c.
Février..	6	»	»	20
Mars.	12	»	»	40
Avril.	24	»	»	80
Mai.	30	»	1	»
Juin..	36	»	1	20
Juillet.	36	»	1	20
Août.	30	»	1	»
Septembre..	24	»	»	80
Octobre.	24	»	»	80
Novembre.	18	»	»	60
Décembre, *rien.*	»	»	»	»

Sur le pied de 250 francs par an.			Il revient par journée.	
En Janvier, *rien.*	» fr.	» c.	» fr.	» c.
Février.'.	6	25	»	21
Mars.	12	50	»	42
Avril.	23	»	»	84
Mai.	31	25	1	5
Juin..	37	50	1	25
Juillet.	37	50	1	25
Août.	31	25	1	5
Septembre..	23	»	»	84
Octobre.	23	»	»	84
Novembre.	18	75	»	65
Décembre, *rien.*	»	»	»	»

Sur le pied de 260 francs par an.			Il revient par journée.	
En Janvier, *rien*..	» fr.	» c.	» fr.	» c.
Février..	6	50	»	22
Mars.	13	»	»	43
Avril.	26	»	»	87
Mai.	32	50	1	9
Juin..	39	»	1	30
Juillet.	39	»	1	30
Août.	32	50	1	9
Septembre..	26	»	»	87
Octobre.	26	»	»	87
Novembre..	19	50	»	65
Décembre, *rien*..	»	»	»	»

Sur le pied de 270 francs par an.			Il revient par journée.	
En Janvier, *rien*..	» fr.	» c.	» fr.	» c.
Février..	6	75	»	23
Mars.	13	50	»	45
Avril.	27	»	»	90
Mai.	33	75	1	13
Juin..	40	50	1	35
Juillet.	40	50	1	35
Août.	33	75	1	13
Septembre..	27	»	»	90
Octobre.	27	»	»	90
Novembre..	20	25	»	75
Décembre, *rien*..	»	»	»	»

Sur le pied de 280 francs par an.			Il revient par journée.	
En Janvier, *rien*..	» fr.	» c.	» fr.	» c.
Février..	7	»	»	24
Mars.	14	»	»	47
Avril.	28	»	»	94
Mai.	35	»	1	17
Juin..	42	»	1	40
Juillet.	42	»	1	40
Août.	35	»	1	17
Septembre..	28	»	»	94
Octobre.	28	»	»	94
Novembre..	21	»	»	70
Décembre, *rien*.	»	»	»	»

Sur le pied de 290 francs par an.			Il revient par journée.	
En Janvier, rien..	» fr.	» c.	» fr.	» c.
Février..	7	25	»	25
Mars.	14	50	»	49
Avril.	29	»	»	97
Mai.	36	25	1	21
Juin..	43	50	1	45
Juillet.	43	50	1	45
Août.	36	25	1	21
Septembre..	29	»	»	97
Octobre.	29	»	»	97
Novembre..	21	75	»	75
Décembre, rien..	»	»	»	»

Sur le pied de 300 francs par an.			Il revient par journée.	
En Janvier, rien..	» fr.	» c.	» fr.	» c.
Février..	7	50	»	25
Mars.	15	»	»	50
Avril.	30	»	1	»
Mai.	37	50	1	25
Juin..	45	»	1	50
Juillet.	45	»	1	50
Août.	37	50	1	25
Septembre..	30	»	1	»
Octobre.	30	»	1	»
Novembre..	22	50	»	75
Décembre, rien..	»	»	»	»

Sur le pied de 310 francs par an.			Il revient par journée.	
En Janvier, rien..	» fr.	» c.	» fr.	» c.
Février..	7	75	»	25
Mars.	15	50	»	52
Avril.	31	»	1	4
Mai.	38	75	1	30
Juin..	46	50	1	52
Juillet.	46	50	1	52
Août.	58	75	1	30
Septembre..	31	»	1	4
Octobre.	31	»	1	4
Novembre..	23	25	»	78
Décembre, rien..	»	»	»	»

Sur le pied de 320 francs par an.			Il revient par journée.		
En Janvier, *rien*.	» fr.	» c.	» fr.	» c.	
Février..	8	»	»	27	
Mars.	16	»	»	54	
Avril.	32	»	1	7	
Mai.	40	»	1	34	
Juin..	48	»	1	60	
Juillet.	48	»	1	60	
Août.	40	»	1	34	
Septembre..	32	»	1	7	
Octobre..	32	»	1	7	
Novembre.	24	»	»	80	
Décembre, *rien*.	»	»	»	»	

Sur le pied de 330 francs par an.			Il revient par journée.		
En Janvier, *rien*.	» fr.	» c.	» fr.	» c.	
Février..	8	25	»	28	
Mars.	16	50	»	56	
Avril.	33	»	1	10	
Mai.	41	25	1	38	
Juin..	49	50	1	65	
Juillet.	49	50	1	65	
Août.	41	25	1	38	
Septembre..	33	»	1	10	
Octobre.	33	»	1	10	
Novembre..	24	75	»	83	
Décembre, *rien*.	»	»	»	»	

Sur le pied de 340 francs par an.			Il revient par journée.		
En Janvier, *rien*.	» fr.	» c.	» fr.	» c.	
Février..	8	50	»	29	
Mars.	17	»	»	57	
Avril.	34	»	1	14	
Mai.	42	50	1	42	
Juin.	51	»	1	70	
Juillet.	51	»	1	70	
Août.	42	50	1	42	
Septembre	54	»	1	14	
Octobre.	54	»	1	14	
Novembre..	25	50	»	85	
Décembre, *rien*.	»	»	»	»	

Sur le pied de 350 francs par an.			Il revient par journée.	
En Janvier, rien..	» fr.	» c.	» fr.	» c.
Février..	8	75	»	30
Mars.	17	50	»	59
Avril.	35	»	1	17
Mai.	43	75	1	46
Juin..	52	50	1	75
Juillet.	52	50	1	75
Août.	43	75	1	46
Septembre..	35	»	1	17
Octobre.	35	»	1	17
Novembre..	26	25	»	88
Décembre, rien.	»	»	»	»

Sur le pied de 360 francs par an.			Il revient par journée.	
En Janvier, rien..	» fr.	» c.	» fr.	» c.
Février..	9	»	»	30
Mars.	18	»	»	60
Avril.	36	»	1	20
Mai.	45	»	1	50
Juin..	54	»	1	80
Juillet.	54	»	1	80
Août.	45	»	1	50
Septembre..	36	»	1	20
Octobre.	36	»	1	20
Novembre..	27	»	»	90
Décembre, rien.	»	»	»	»

Sur le pied de 370 francs par an.			Il revient par journée.	
En Janvier, rien..	» fr.	» c.	» fr.	» c.
Février..	9	25	»	31
Mars.	18	50	»	62
Avril.	37	»	1	24
Mai.	46	25	1	55
Juin..	55	50	1	85
Juillet.	55	50	1	85
Août.	46	25	1	55
Septembre..	37	»	1	24
Octobre.	37	»	1	24
Novembre..	27	75	»	93
Décembre, rien.	»	»	»	»

Sur le pied de 380 francs par an.			Il revient par journée.	
En Janvier, *rien*..	» fr.	» c.	» fr.	» c.
Février..	9	50	»	52
Mars.	19	»	»	64
Avril.	38	»	1	27
Mai..	47	50	1	59
Juin..	57	»	1	90
Juillet.	57	»	1	90
Août.	47	50	1	59
Septembre..	38	»	1	27
Octobre.	58	»	1	27
Novembre..	28	50	»	95
Décembre , *rien*.	»	»	»	»

Sur le pied de 390 francs par an.			Il revient par journée.	
En Janvier , *rien*..	» fr	» c.	» fr.	» c.
Février..	9	75	»	33
Mars.	19	50	»	65
Avril.	39	»	1	30
Mai.	48	75	1	63
Juin..	58	50	1	95
Juillet.	58	50	1	95
Août.	48	75	1	63
Septembre..	39	»	1	30
Octobre.	39	»	1	30
Novembre..	29	25	»	98
Décembre , *rien*.	»	»	»	»

Sur le pied de 400 francs par an.			Il revient par journée.	
En Janvier, *rien*.	» fr.	» c.	» fr.	» c.
Février..	10	»	»	34
Mars.	20	»	»	67
Avril.	40	»	1	34
Mai.	50	»	1	70
Juin..	60	»	2	»
Juillet.	60	»	2	»
Août.	50	»	1	70
Septembre..	40	»	1	34
Octobre.	40	»	1	34
Novembre..	50	»	1	»
Décembre , *rien*.	»	»	»	»

Sur le pied de 410 francs par an.			Il revient par journée.	
En Janvier, *rien*.	» fr.	» c.	» fr.	» c.
Février.	10	25	»	55
Mars.	20	50	»	69
Avril.	41	»	1	34
Mai.	51	25	1	71
Juin.	61	50	2	5
Juillet.	61	50	2	5
Août.	51	25	1	71
Septembre.	41	»	1	34
Octobre.	41	»	1	34
Novembre.	30	75	1	3
Décembre, *rien*.	»	»	»	»

Sur le pied de 420 francs par an.			Il revient par journée.	
En Janvier, *rien*.	» fr.	» c.	» fr.	» c.
Février.	10	50	»	55
Mars.	21	»	»	70
Avril.	42	»	1	40
Mai.	52	50	1	75
Juin.	63	»	2	10
Juillet.	63	»	2	10
Août.	52	50	1	75
Septembre.	42	»	1	40
Octobre.	42	»	1	40
Novembre.	31	50	1	5
Décembre, *rien*.	»	»	»	»

Sur le pied de 430 francs par an.			Il revient par journée.	
En Janvier, *rien*.	» fr.	» c.	» fr.	» c.
Février.	10	75	»	56
Mars.	21	50	»	72
Avril.	43	»	1	44
Mai.	53	75	1	80
Juin.	64	50	2	15
Juillet.	64	50	2	15
Août.	53	75	1	80
Septembre.	43	»	1	44
Octobre.	43	»	1	44
Novembre.	32	25	1	8
Décembre, *rien*.	»	»	»	»

Sur le pied de 440 francs par an.			Il revient par journée.	
En Janvier, *rien*.	» fr.	» c.	» fr.	» c.
Février.	11	»	»	37
Mars.	22	»	»	74
Avril.	44	»	1	47
Mai.	55	»	1	84
Juin.	66	»	2	20
Juillet.	66	»	2	20
Août.	55	»	1	84
Septembre.	44	»	1	47
Octobre.	44	»	1	47
Novembre.	33	»	1	10
Décembre, *rien*.	»	»	»	»

Sur le pied de 450 francs par an.			Il revient par journée.	
En Janvier, *rien*.	» fr.	» c.	» fr.	» c.
Février.	11	25	»	58
Mars.	22	50	»	76
Avril.	45	»	1	50
Mai.	56	25	1	88
Juin.	67	50	2	26
Juillet.	67	50	2	26
Août.	56	25	1	88
Septembre.	45	»	1	50
Octobre.	45	»	1	50
Novembre.	55	75	1	13
Décembre, *rien*.	»	»	»	»

Sur le pied de 460 francs par an.			Il revient par journée.	
En Janvier, *rien*.	» fr.	» c.	» fr.	» c.
Février.	11	50	»	59
Mars.	23	»	»	77
Avril.	46	»	1	54
Mai.	57	50	1	92
Juin.	69	»	2	30
Juillet.	69	»	2	30
Août.	57	50	1	92
Septembre.	46	»	1	54
Octobre.	46	»	1	54
Novembre.	34	50	1	15
Décembre, *rien*.	»	»	»	»

Sur le pied de 470 francs par an.			Il revient par journée.	
En Janvier, rien.......... » fr. » c.	»	fr. » c.	» fr.	» c.
Février..	11	75	»	40
Mars.	23	50	»	79
Avril.	47	»	1	57
Mai.	58	75	1	96
Juin..	70	50	2	39
Juillet.	70	50	2	39
Août.	58	75	1	96
Septembre..	47	»	1	57
Octobre.	47	»	1	57
Novembre.	35	25	1	18
Décembre, rien.	»	»	»	»

Sur le pied de 480 francs par an.			Il revient par journée.	
En Janvier, rien.. :..... » fr. » c.	»	fr. » c.	» fr.	» c.
Février..	12	»	»	40
Mars.	24	»	»	80
Avril.	48	»	1	60
Mai.	60	»	2	»
Juin..	72	»	2	40
Juillet.	72	»	2	40
Août.	60	»	2	»
Septembre..	48	»	1	60
Octobre.	48	»	1	60
Novembre..	56	»	1	20
Décembre, rien.	»	»	»	»

Sur le pied de 490 francs par an.			Il revient par journée.	
En Janvier, rien........ » fr. » c.	»	fr. » c.	» fr.	» c.
Février..	12	25	»	41
Mars.	24	50	»	82
Avril.	49	»	1	64
Mai.	61	25	2	5
Juin..	73	50	2	45
Juillet.	73	50	2	45
Août.	61	25	2	5
Septembre..	49	»	1	64
Octobre.	49	»	1	64
Novembre.	56	75	1	23
Décembre, rien.	»	»	»	»

Sur le pied de 500 francs par an.			Il revient par journée.	
En Janvier, rien..	» fr.	» c.	» fr.	» c.
Février..	12	50	»	42
Mars.	25	»	»	84
Avril.	50	»	1	67
Mai.	62	50	2	09
Juin	75	»	2	50
Juillet.	75	»	2	50
Août.	62	50	2	09
Septembre..	50	»	1	67
Octobre.	50	»	1	67
Novembre..	37	50	1	25
Décembre, rien.	»	»	»	»

Sur le pied de 510 francs par an.			Il revient par journée.	
En Janvier, rien..	» fr.	» c.	» fr.	» c.
Février..	12	75	»	43
Mars.	25	50	»	85
Avril.	51	»	1	70
Mai.	63	75	2	13
Juin..	76	50	2	55
Juillet.	76	50	2	55
Août.	63	75	2	13
Septembre..	51	»	1	70
Octobre.	51	»	1	70
Novembre..	38	25	1	28
Décembre, rien.	»	»	»	»

Sur le pied de 520 francs par an.			Il revient par journée.	
En Janvier, rien.	» fr.	» c.	» fr.	» c.
Février..	13	»	»	44
Mars.	26	»	»	87
Avril.	52	»	1	74
Mai.	65	»	2	17
Juin..	78	»	2	60
Juillet.	78	»	2	60
Août.	65	»	2	17
Septembre..	52	»	1	74
Octobre.	52	»	1	74
Novembre..	39	»	1	30
Décembre, rien.	»	»	»	»

Sur le pied de 530 francs par an.			Il revient par journée.	
En Janvier, *rien*..	» fr.	» c.	» fr.	» c.
Février..	13	25	»	45
Mars.	26	50	»	89
Avril.	53	»	1	77
Mai..	66	25	2	21
Juin..	79	50	2	65
Juillet.	79	50	2	65
Août.	66	25	2	21
Septembre..	53	»	1	77
Octobre.	53	»	1	77
Novembre..	59	75	1	33
Décembre, *rien*..	»	»	»	»

Sur le pied de 540 francs par an.			Il revient par journée.	
En Janvier, *rien*..	» fr.	» c.	» fr.	» c.
Février..	13	50	»	45
Mars.	25	»	»	90
Avril.	54	»	1	80
Mai.	67	50	2	25
Juin..	81	»	2	70
Juillet.	81	»	2	70
Août.	67	50	2	25
Septembre..	54	»	1	80
Octobre.	54	»	1	80
Novembre..	40	50	1	55
Décembre, *rien*..	»	»	»	»

Sur le pied de 550 francs par an.			Il revient par journée.	
En Janvier, *rien*..	» fr.	» c.	» fr.	» c.
Février..	13	75	»	46
Mars.	27	50	»	92
Avril.	55	»	1	84
Mai..	68	75	2	30
Juin..	82	50	2	76
Juillet.	82	50	2	76
Août.	68	75	2	30
Septembre..	55	»	1	84
Octobre.	55	»	1	84
Novembre..	41	25	1	58
Décembre, *rien*..	»	»	»	»

Sur le pied de 560 *francs par an.*			Il revient par journée.	
En Janvier, *rien*.	» fr.	» c.	» fr.	» c.
Février..	14	»	»	47
Mars.	28	»	»	94
Avril.	56	»	1	87
Mai.	70	»	2	34
Juin..	84	»	2	80
Juillet.	84	»	2	80
Août.	70	»	2	34
Septembre..	56	»	1	87
Octobre..	56	»	1	87
Novembre.	42	»	1	40
Décembre, *rien*.	»	»	»	»

Sur le pied de 570 *francs par an.*			Il revient par journée.	
En Janvier, *rien*.	» fr.	» c.	» fr.	» c.
Février..	14	25	»	48
Mars.	28	50	»	95
Avril.	57	»	1	90
Mai.	71	25	2	38
Juin..	85	50	2	86
Juillet.	85	50	2	86
Août.	71	25	2	58
Septembre..	57	»	1	90
Octobre.	57	»	1	90
Novembre..	42	75	1	43
Décembre, *rien*.	»	»	»	»

Sur le pied de 580 *francs par an.*			Il revient par journée.	
En Janvier, *rien*.	» fr.	» c.	» fr.	» c.
Février..	14	50	»	49
Mars.	29	»	»	97
Avril.	58	»	1	94
Mai.	72	50	2	42
Juin.	87	»	2	90
Juillet.	87	»	2	90
Août.	72	50	2	42
Septembre	58	»	1	94
Octobre.	58	»	1	94
Novembre..	43	50	1	45
Décembre, *rien*.	»	»	»	»

Sur le pied de 500 francs par an.			Il revient par journée.	
En Janvier, *rien*.	» fr.	» c.	» fr.	» c.
Février.	14	75	»	50
Mars.	29	50	»	99
Avril.	59	»	1	97
Mai.	75	75	2	46
Juin.	88	50	2	95
Juillet.	88	50	2	95
Août.	75	75	2	46
Septembre.	59	»	1	97
Octobre.	59	»	1	97
Novembre.	44	25	1	48
Décembre, *rien*.	»	»	»	»

Sur le pied de 600 francs par an.			Il revient par journée.	
En Janvier, *rien*.	» fr.	» c.	» fr.	» c.
Février.	15	»	»	50
Mars.	50	»	1	»
Avril.	60	»	2	»
Mai.	75	»	2	50
Juin.	90	»	3	»
Juillet.	90	»	3	»
Août.	75	»	2	50
Septembre.	60	»	2	»
Octobre.	60	»	2	»
Novembre.	45	»	1	50
Décembre, *rien*.	»	»	»	»

Sur le pied de 610 francs par an.			Il revient par journée.	
En Janvier, *rien*.	» fr.	» c.	» fr.	» c.
Février.	15	25	»	51
Mars.	50	50	1	02
Avril.	61	»	2	04
Mai.	76	25	2	55
Juin.	91	50	3	5
Juillet.	91	50	3	5
Août.	76	25	2	55
Septembre.	61	»	2	4
Octobre.	61	»	2	4
Novembre.	45	75	1	55
Décembre, *rien*.	»	»	»	»

Sur le pied de 620 francs par an.			Il revient par journée.	
En Janvier, *rien*..	» fr.	» c.	» fr.	» c.
Février..	15	50	»	52
Mars.	51	»	1	4
Avril.	62	»	2	7
Mai.	77	50	2	59
Juin..	93	»	5	10
Juillet.	93	»	5	10
Août.	77	50	2	59
Septembre..	62	»	2	7
Octobre.	62	»	2	7
Novembre.	46	50	1	55
Décembre , *rien*.	»	»	»	»

Sur le pied de 630 francs par an.			Il revient par journée.	
En Janvier, *rien*..	» fr	» c.	» fr.	» c.
Février..	15	75	»	53
Mars.	51	50	1	5
Avril.	63	»	2	10
Mai.	78	75	2	65
Juin..	94	50	5	15
Juillet.	94	50	5	15
Août.	78	75	2	65
Septembre..	63	»	2	10
Octobre.	63	»	2	10
Novembre.	47	25	1	58
Décembre , *rien*.	»	»	»	»

Sur le pied de 640 francs par an.			Il revient par journée.	
En Janvier, *rien*.	» fr.	» c.	» fr.	» c.
Février..	16	»	»	54
Mars.	52	»	1	7
Avril.	64	»	2	14
Mai.	80	»	2	67
Juin..	96	»	5	20
Juillet.	96	»	5	20
Août.	80	»	2	67
Septembre..	64	»	2	14
Octobre.	64	»	2	14
Novembre.	48	»	1	60
Décembre , *rien*.	»	»	»	»

Sur le pied de 650 francs par an.			Il revient par journée.	
En Janvier, *rien.*	» fr.	» c.	» fr.	» c.
Février.	16	25	»	55
Mars.	52	50	1	9
Avril.	65	»	2	17
Mai.	81	25	2	71
Juin.	97	50	5	26
Juillet.	97	50	5	26
Août.	81	25	2	71
Septembre.	65	»	2	17
Octobre.	65	»	2	17
Novembre.	48	75	1	63
Décembre , *rien.*	»	»	»	»

Sur le pied de 700 francs par an.			Il revient par journée.	
En Janvier, *rien.*	» fr.	» c.	» fr.	» c.
Février.	17	50	»	59
Mars.	55	»	1	17
Avril.	70	»	2	34
Mai.	87	50	2	92
Juin.	105	»	5	50
Juillet.	105	»	5	50
Août.	87	50	2	92
Septembre.	70	»	2	34
Octobre.	70	»	2	34
Novembre.	52	50	1	75
Décembre, *rien.*	»	»	»	»

Sur le pied de 750 francs par an.			Il revient par journée.	
En Janvier, *rien.*	» fr.	» c.	» fr.	» c.
Février.	18	75	»	65
Mars.	57	50	1	25
Avril.	75	»	2	50
Mai.	93	75	5	13
Juin.	112	50	5	75
Juillet.	112	50	5	75
Août.	93	75	5	13
Septembre.	75	»	2	50
Octobre.	75	»	2	50
Novembre.	56	25	1	88
Décembre , *rien.*	»	»	»	»

Dans le canton de Tarascon, ce règlement n'est pas applicable aux valets charretiers, qui sont assimilés à des domestiques attachés à la personne.

Les cantons d'Orgon et de Château-Renard ne suivent pas le règlement d'Arles. On applique aux valets de ferme les règles suivies dans l'arrondissement d'Aix. A Château-Renard, celui qui veut se retirer avant la fin de son engagement doit donner congé un mois d'avance. Si le propriétaire ne veut plus de ses services, il doit le prévenir un mois avant de le congédier.

Indépendamment de ces valets de ferme, il existe à Arles une classe de travailleurs connus sous le nom de *Journaliers* ou *Lougadiers*, qui n'est pas soumise au règlement et au tarif. Ils sont payés au prix convenu. Le maître les loue ordinairement pour toute une semaine ou pour quinze jours. Il est d'usage qu'ils doivent se rendre sur le domaine où ils vont travailler, à leurs frais, le dimanche au soir. Les *lougadiers* qui se louent pour aller travailler sur un domaine à une distance de deux lieues de la ville ou à une distance moindre, se rendent à la ferme et retournent de la ferme à la ville, sans qu'ils aient droit à rien réclamer pour la perte de temps, à moins que des accords particuliers n'aient été faits à cet égard.

Lorsqu'ils se louent pour aller travailler dans une ferme distante de la ville de trois, quatre lieues, le maître doit leur accorder une *balude* par semaine pour revenir à la ville, et deux *baludes* lorsqu'ils sont loués pour quinze jours.

Lorsque la ferme est distante de cinq, six ou sept lieues, il leur est accordé, pour s'y rendre : en été, une demi-

Journée pour la quinzaine; en automne et au printemps, deux tiers de journée; et, en hiver, toute une journée.

On appelle *batude* le temps de travail que le *tougadier* emploie d'un repas à l'autre. La journée est composée de deux *batudes* en hiver; de trois, pendant le printemps et l'automne; et de quatre, pendant l'été.

Les grands domaines du territoire, d'Arles qui possèdent des troupeaux considérables, envoient en été la plus grande partie de ces troupeaux en transhumance sur les montagnes des Alpes. Les bergers loués pour la conduite et la garde de cette partie du troupeau s'appellent *bergers montagniers*.

La partie du troupeau qui n'émigre pas reste dans le domaine, et est confiée à la garde des bergers appelés *bergers estivens*.

Le louage de ces serviteurs est soumis à des règles qui diffèrent de celles que nous avons indiquées.

Les bergers *montagniers* se louent à l'année, ils entrent au service dans les premiers jours du mois de mai. On les paye en argent ou en brebis et vassières. Le gage varie suivant l'importance du domaine. Il est au moins de 300 fr. par an, lorsqu'il est convenu en argent.

Lorsque le gage est établi au moyen de brebis et de vassières appartenant au berger et dont le maître se charge, il est ordinairement fixé à soixante-dix bêtes, dont moitié brebis et moitié vassières. On appelle vassières les béliers, moutons, antenois mâles et femelles, et les brebis qui n'ont pas à nourrir des agneaux. Le berger, dont le gage est ainsi fixé, paye les frais de la montagne pour les bêtes qu'il y amène avec celles de son maître. Celui-ci est chargé de les nourrir depuis le retour de la montagne jusqu'au

1er mai, à l'égal des siennes. Le produit de ces soixante-dix
bêtes soit en agneaux, soit en laine, est tout entier pour
le berger, il est la représentation de son gage en argent.
Le maître doit de plus nourrir le berger.

Les bergers *estivens* se louent aussi à l'année pour entrer
au service le 29 septembre. Le gage est également convenu
en argent ou en brebis. Le maître doit de plus la nourriture. Lorsque le gage est convenu en brebis, le maître se
charge de l'entretien et de la nourriture de cinquante brebis portières pour toute l'année. Le produit de ces brebis
appartient au berger, à l'exception du lait qu'elles peuvent
avoir, lorsque les agneaux sont vendus ou morts. Ce lait
appartient au maître depuis le 1er mai jusqu'au 15 août,
époque où l'on cesse de traire les brebis.

Quelquefois le gage est convenu partie en argent, partie
en brebis, dans les proportions et les conditions ci-dessus
énoncées.

Le berger *estiven* ne peut quitter sa place que du consentement du maître. S'il la quittait sans ce consentement,
il serait obligé de se faire remplacer par un homme capable. Dans ce cas même, il ne peut retirer ses brebis sans
prendre un arrangement avec le propriétaire, pour ne pas
le priver du produit du lait qui lui appartient.

SECTION V. — DE CERTAINS CONTRATS DE LOUAGE DANS
LE TERRITOIRE D'ARLES.

**De l'hivernage pour les bêtes à laine et pour les bêtes chevalines.
— Du louage des bêtes rossatines ou manades (troupeaux de chevaux) à raison du foulage des céréales.**

Le fermier ou le propriétaire qui exploite sa propriété
et qui prend des bêtes à laine à l'hivernage est obligé de
les nourrir, de les soigner convenablement et en bon père
de famille, et de les faire garder à ses frais, moyennant
une redevance convenue par bête, que le propriétaire du
troupeau ainsi placé est tenu de lui payer.

L'hivernage commence ordinairement le 1er novembre,
et finit le 1er mai à midi. Le prix est habituellement fixé à
6 fr. pour chaque brebis portière, et à 3 fr. pour chaque
brebis stérile, antenois mâle et femelle, mouton et bélier.
Ce prix est quelquefois plus élevé, lorsqu'il n'y a pas d'a-
bondants pâturages.

Si celui qui a pris des bêtes à laine à l'hivernage ne les
soigne pas convenablement, le propriétaire du troupeau a
le droit de faire porter aux frais du preneur les approvi-
sionnements nécessaires, ou bien, s'il le préfère, il peut
retirer son troupeau en payant le preneur dans la proportion du temps pendant lequel il l'a nourri. Le preneur est
responsable de la mort, de la perte ou de la diminution
que le troupeau éprouve, lorsque ces accidents arrivent
par sa faute. Mais si c'est par cas fortuit ou force majeure, la perte n'est pas à sa charge. Il est d'usage, relativement aux pâturages qui servent à la nourriture du
troupeau, que la dépaissance des sainfoins et des trèfles
cesse le 1er janvier, celle des terrains semés en orge ou

autres grains grossiers, appelés vulgairement *pasquiers*
et *luzernières*, dès le 2 février, et celle des prairies natu-
relles, le 1er mars de chaque année.

Les chevaux indigènes se placent à l'hivernage moyennant une redevance convenue par tête. Le placement des
chevaux se fait souvent pour toute l'année, alors le prix
par tête est ordinairement de 20 francs ; si le nombre de
bêtes excède un certain chiffre et s'il exige un supplément
de garde, le propriétaire de la *manade* (troupeau de chevaux), ainsi placée, fournit et paye un gardien, nommé
gardianoun, qui est nourri aux frais de celui qui fournit
l'herbage servant à la dépaissance de la *manade*.

Les *manades* qu'on loue pour le foulage des blés et avoines sont nourries par celui qui les emploie, pendant
toute la durée du travail. Il est de règle que la nuit les
bêtes qui les composent dépaissent sur le domaine pour
lequel elles travaillent, mais le jour, lorsqu'elles foulent
et pendant le repos accordé entre deux *batudes*, le propriétaire ou le fermier du domaine doit leur donner une ration
de luzerne ou autre fourrage sec.

Les gardiens et les *loucadous* sont placés et gagés par le
propriétaire de la *manade*, et nourris par celui qui la
loue.

Le travail des chevaux est payé soit en argent, prix
alors convenu d'avance, soit en grains ; dans ce dernier
cas, qui est le plus fréquent, la rétribution est du quatre
pour cent sur le produit de la récolte dépouillée et prête à
être enfermée.

ANCIENNES MESURES ÉVALUÉES EN NOUVELLES.

NOMS DES ANCIENNES MESURES.	LEUR VALEUR en NOUVELLES MESURES.		LIEUX OU ELLES ÉTAIENT EN USAGE.
			Mesures de Longueur.
	mèt.	dix mill.	
La Toise.........	1	9490	Dans tout le département.
Le Pied..........	»	5248	
Le Pouce.........	»	0270	
La Ligne.........	»	0025	
La Canne.........	2	0127	Cantons de Marseille.
	2	0867	Canton de Roquevaire.
	1	9886	Cantons de La Ciotat et d'Aubagne, Aix, Martigues, Istres, Gardanne, Lambesc, Berre, Trets, Peyrolles et Orgon.
	1	9902	Canton de Salon.
	2	0472	Cantons d'Arles et Saintes-Maries.
	1	9726	Cantons de Tarascon, Château-Renard et Eyguières.
	1	9400	Canton de Saint-Remy.
Le Pan...........	»	2516	Cantons de Marseille.
	»	2571	Canton de Roquevaire.
	»	2486	Cantons d'Aubagne, La Ciotat, Aix, Martigues, Istres, Gardanne, Lambesc, Trets, Peyrolles et Orgon.
	»	2487	Canton de Salon.
	»	2559	Cantons d'Arles et Saintes-Maries.
	»	2466	Cantons de Château-Renard, Tarascon et Eyguières.
	»	2425	Canton de Saint-Remy.
Le Menu.........	»	0514	Cantons de Marseille.
	»	0521	Canton de Roquevaire.
	»	0310	Cantons d'Aubagne, La Ciotat, Aix, Martigues, Lambesc, Istres, Gardanne, Berre, Peyrolles, Trets, Orgon et Salon.
	»	0319	Cantons d'Arles et Saintes-Maries.
	»	0308	Cantons de Tarascon, Château-Renard et Eyguières.
	»	0304	Canton de Saint-Remy.

NOMS DES ANCIENNES MESURES.	LEUR VALEUR en NOUVELLES MESURES.		LIEUX OU ELLES ÉTAIENT EN USAGE.

Mesures de Capacité pour les grains.

hectolit. centilit.

La Charge........	1	5476	Cantons de Marseille.
	1	6518	Cantons de Roquevaire et Aubagne.
	2	0760	Canton de La Ciotat.
	1	6518	Cantons d'Aix, Gardanne, Berre, Peyrolles et Trets.
	1	9725	Cantons de Lambesc et Salon.
	1	7324	Cantons d'Istres, Arles et Saintes-Maries.
Le Panal........	»	1954	Cantons de Marseille.
	»	1652	Cantons de Roquevaire, Aubagne, Aix, Gardanne, Berre, Peyrolles et Trets.
	»	1750	Canton de La Ciotat.
Le Civadier......	Le 1/4 de la Panal.		
Le Picotin.......	La 1/2 du Civadier.		
L'Emine.........	»	5800	Cantons de Marseille.
	»	5265	Cantons d'Aix, Gardanne, Berre, Peyrolles et Trets.
	»	2465	Canton de Salon.
	»	2442	Canton de Martigues.
	»	2887	Cantons d'Istres, Arles et Saintes-Maries.
	»	2146	Cantons de Tarascon, Saint-Remy, Château-Renard, Orgon et Eyguières.
La Salmée.......	1	7169	Cantons de Tarascon, Saint-Remy, Château-Renard, Orgon et Eyguières.
Le Cosse.........	»	0112	Dans les mêmes cantons.
L'Euchène......	»	0488	Canton de Martigues.
	»	0508	Cantons de Salon et de Lambesc.
Le Garaval......	»	0192	Canton d'Istres.
Le Sétier........	»	5774	Cantons d'Arles et Saintes-Maries.
Le Minot.........	»	4351	
(Mesure pour le Sel)			

Mesures de Capacité pour les liquides.

Pour les Vins.

lit. centilit.

La Millerolle.....	64	38	Cantons de Marseille.
	68	»	Cantons de Roquevaire et Aubagne.
	64	12	Canton de La Ciotat.
	57	74	Cantons d'Aix, Peyrolles, Berre, Trets.
	75	29	Canton de Gardanne.
	77	11	Canton d'Istres.

NOMS DES ANCIENNES MESURES.	LEUR VALEUR en NOUVELLES MESURES.		LIEUX OU ELLES ÉTAIENT EN USAGE.
	litr.	centi.	
LaCharge de vin.	93	83	Canton de Lambesc.
La Salmée........	85	38	Canton de Salon.
	1	21	Cantons de Roquevaire et Aubagne.
	1	55	Canton de La Ciotat.
	1	20	Cantons d'Aix, Lambesc, Berre, Peyrolles, Trets et Orgon.
	1	30	Cantons de Salon et Éyguières.
Le Pot...........	1	50	Canton de Gardanne.
	1	60	Canton d'Istres.
	1	9	Cantons d'Arles.
	1	»	Cantons de Tarascon et Saintes-Maries.
	»	97	Canton de Saint-Remy.
	»	87	Canton de Château-Renard.
	59	33	Canton d'Arles.
	49	50	Cantons de Tarascon et Saintes-Maries.
Le Barral........	29	12	Canton de Saint-Remy.
	55	67	Canton de Château-Renard.
	43	76	Canton d'Orgon.
	31	3	Canton d'Eyguières.
Le Broch........	14	43	Canton de Martigues.
			Pour l'Huile.
	173	26	Cantons d'Aix, Peyrolles et Trets.
	140	»	Canton de Salon.
	129	31	Canton de Lambesc.
	136	70	Canton d'Istres.
La Charge.......	140	11	Canton de Saint-Remy.
	121	20	Canton d'Orgon.
	124	44	Canton d'Eyguières.
	129	51	Dans la commune d'Alleins.
	16	9	Cantons de Marseille.
Le Scandal.	17	42	Cantons de Roquevaire et Aubagne.
	16	5	Canton de La Ciotat.
	11	75	Cantons d'Aix, Peyrolles et Trets.
Le Broch........	11	61	Canton de Martigues.
	10	37	Canton de Berre.
	11	59	Canton d'Istres.
	10	91	Cantons d'Arles.
	9	19	Cantons de Tarascon et Saintes-Maries.
La Canne........	9	35	Canton de Saint-Remy.
	8	70	Canton de Château-Renard.
	10	10	Canton d'Orgon.
Le Sexain........	»	68	Cantons d'Arles.

NOMS DES ANCIENNES MESURES.	LEUR VALEUR en NOUVELLES MESURES.		LIEUX OU ELLES ÉTAIENT EN USAGE.

Poids.

	kilog.	gram.	
Le gros Quintal.	41	9	Marseille.
	40	353	Aix.
	41	81	Arles.
	40	751	Tarascon.
Le petit Quintal.	38	850	Marseille.
	38	14	Aix.
	39	125	Arles.
	38	810	Tarascon.
La Livre grand poids.........	»	410	Marseille.
	»	403	Aix.
	»	410	Arles.
	»	407	Tarascon.
La Livre petit poids.........	»	388	Marseille.
	»	380	Aix.
	»	391	Arles.
	»	388	Tarascon.
L'Once..........	»	24	Marseille.
	»	25	Aix.
	»	24	Arles et Tarascon.

Anciennes mesures Agraires converties en nouvelles.

	ares.	millia.	
Quarterée de 500 cannes..........	20	497	Marseille.
Le Dextre..........	»	142	
La Charge de 2500 cannes..........	»	748	Roquevaire.
La Canne carrée..	»	42	
La Charge de 2200 cannes d'Aix...	87	5	Aubagne.
Le Panal de 220 cannes..........	8	701	
La journée de 100 cannes d'Aix...	3	955	La Ciotat.
La Canne carrée..	»	39	
La Quartée de 600 cannes d'Aix...	23	723	Aix et Trest.
Le Journal de 1500 cannes....	59	321	

NOMS DES ANCIENNES MESURES.	LEUR VALEUR en NOUVELLES MESURES.		LIEU OU ELLES ÉTAIENT EN USAGE.
	ares	milli.	
La Salmée de 1600 cannes.........	63	371	Salon.
L'Emine de 200 cannes.........	7	922	
La Charge de 1600 cannes d'Aix...	63	276	Berre.
La Panal de 160 cannes.........	6	528	
La Charge de 2500 cannes d'Aix...	98	869	Martigues.
La Panal de 250 cannes.........	9	887	
La Charge de 2000 cannes d'Aix...	79	95	Lambesc.
L'Eminée de 250 cannes.........	9	887	
La Charge de 2500 cannes d'Aix...	98	869	Istres.
L'Eminée le 1/6 de la charge...	16	478	
La Charge de 1500 cannes d'Aix...	59	321	Gardanne et Peyrolles.
L'Eminée de 500 cannes.........	11	864	
La grande Sétérée de 625 cannes..	26	194	Arles et Saintes-Maries.
La petite Sétérée 2/5 de la grande	17	462	
La Salmée de 1800 cannes.........	70	44	Tarascon, Saint-Remy et Château-Renard.
L'Eminée de 225 cannes.........	8	756	
La Charge de 1800 cannes d'Aix...	71	185	Orgon.
L'Eminée de 225 cannes........	8	898	
La Charge de 1800 cannes de Salon	71	293	Eyguières.
L'Eminée de 225 cannes.........	8	912	

NOMS DES ANCIENNES MESURES.	LEUR VALEUR en NOUVELLES MESURES.	LIEUX OU ELLES ÉTAIENT EN USAGE.

Echelle de relation entre la Canne carrée et le Mètre carré.

	mèt.	milli.	
	4	50	Marseille.
	4	229	Roquevaire.
La Canne carrée..	3	934	Aix.
	3	960	Salon.
	4	190	Arles.
	3	891	Tarascon.

TABLEAU DES DISTANCES

EN

Myriamètres, Kilomètres et Hectomètres de chaque Commune
du Département aux Chefs-Lieux de Département,
d'Arrondissement judiciaire et de la Cour
Impériale.

NOTA. Les Communes chefs-lieux de Canton sont indiquées en petites
majuscules.

DÉSIGNATION DES COMMUNES	DISTANCE DES COMMUNES								
	AU CHEF-LIEU de Département			AU CHEF-LIEU d'Arrondis judic			AU CHEF-LIEU de la Cour Impér.		
	myr.	kilo.	hecto	myr.	kilo.	hecto	myr.	kilo.	hecto
ARRONDISSEMENT DE MARSEILLE.									
MARSEILLE.	»	»	»	»	»	»	2	9	»
Allauch.	1	1	»	1	1	»	5	1	»
AUBAGNE.	1	5	7	1	5	7	5	4	»
Cuges.	2	6	»	2	6	»	4	4	»
Gémenos.	2	»	1	2	»	1	5	4	»
La Penne	1	1	»	1	1	»	5	9	»
LA CIOTAT.	2	2	7	2	2	7	5	4	»
Ceyreste.	2	2	1	2	2	1	4	5	»
Cassis.	1	6	»	1	6	»	4	7	»
Roquefort.	1	9	»	1	9	»	4	4	»
ROQUEVAIRE.	1	9	»	1	9	»	2	6	»
Auriol.	2	2	»	2	2	»	2	7	»
Belcodène.	2	1	»	2	1	»	1	7	»
Gréasque.	1	9	9	1	9	9	1	5	»
Peipin.	1	8	5	1	8	5	2	2	»
Saint-Savournin.	1	6	4	1	6	4	1	9	»
ARRONDISSEMENT D'AIX.									
AIX.	2	9	:	»	»	»	»	»	»
Eguilles.	3	»	6	1	1	»	1	1	»
Meyreuil.	2	2	6	»	6	6	»	6	6
Saint-Marc.	5	»	»	»	6	2	»	6	2
Tholonet.	5	5	»	»	5	9	»	5	9
Vauvenargues.	5	5	9	1	2	1	1	2	1
Venelles.	3	7	1	»	8	1	»	8	1

DÉSIGNATION DES COMMUNES	DISTANCE DES COMMUNES							
	AU CHEF-LIEU de Département			AU CHEF-LIEU d'Arrondis judic.			AU CHEF-LIEU de la Cour Impér.		
	myr.	kilo	hecto	myr.	kilo	hecto	myr.	kilo	hecto
Berre.	2	6	5	2	7	3	2	7	5
Lafare.	5	2	2	2	»	5	2	»	5
Rognac.	2	4	»	2	5	4	2	3	4
Velaux.	2	7	»	1	6	2	1	6	2
Ventabren.	2	8	2	1	5	»	1	5	»
Vitroles.	2	1	1	2	5	7	2	3	7
Gardanne.	1	8	6	1	1	3	1	1	5
Bouc.	1	6	8	»	9	4	»	9	4
Cabriès.	1	5	8	1	1	5	1	1	5
Les Pennes.	1	5	8	1	9	1	1	9	1
Mimet.	1	6	4	1	6	6	1	6	6
Septèmes.	1	1	1	1	6	7	1	6	7
Simiane.	1	5	5	1	2	1	1	2	1
Istres.	4	»	»	4	9	»	4	9	»
Fos.	5	8	6	5	1	4	5	1	4
Saint-Chamas.	5	8	8	5	5	8	5	5	8
Saint-Mitre.	5	4	5	4	6	1	4	6	1
Lambesc.	4	1	»	2	»	9	2	»	9
Charleval.	4	8	2	5	4	5	5	4	3
La Roque-d'Antheron. . .	4	6	5	2	8	5	2	8	5
Rognes.	4	»	5	1	8	2	1	8	2
Saint-Cannat.	3	6	4	1	6	»	1	6	»
Saint-Estève-Janson. . . .	4	2	»	1	9	2	1	9	2
Martigues.	2	9	»	5	9	7	5	9	7
Carri-le-Rouet.	1	9	2	5	7	8	5	7	8
Châteauneuf.	2	»	»	3	»	2	3	»	2
Gignac.	1	6	1	2	5	5	2	5	3
Marignane.	1	8	9	2	5	1	2	5	1
Saint-Victoret	1	7	8	2	2	6	2	2	6
Peyrolles.	4	2	5	2	»	»	2	»	»
Jouques.	4	2	5	2	5	6	2	5	6
Le Puy-Sainte-Réparade. .	5	9	9	1	6	2	1	6	2
Meyrargues.	5	9	1	1	3	5	1	5	5
Saint-Paul.	4	9	8	3	1	7	5	1	7
Salon.	4	4	1	5	2	9	5	2	9
Aurons.	4	4	1	5	1	7	3	1	7
Cornillon.	3	9	»	5	5	2	5	5	2
Grans.	4	5	»	5	4	8	5	4	8
La Barben.	5	9	2	2	5	5	2	5	5
Lançon.	5	8	5	2	9	8	2	9	8
Miramas.	4	1	2	3	8	5	3	8	5
Pelissane.	4	1	2	2	7	3	2	7	5

DÉSIGNATION DES COMMUNES	DISTANCE des COMMUNES							
	AU CHEF-LIEU de Département			AU CHEF-LIEU d'Arrondis judic.			AU CHEF-LIEU de la Cour Impér.		
	myr.	kilo	hecto	myr.	kilo	hecto	myr	kilo.	hecto
TRETS	2	9	3	2	1	2	2	1	2
Beaurecueil	2	7	1	»	8	1	»	8	1
Châteauneuf	2	6	2	1	»	5	1	»	5
Fuveau	2	2	»	1	2	3	1	2	3
Peynier	2	6	5	1	8	9	1	8	9
Puyloubier	3	4	5	2	2	3	2	2	3
Rousset	2	9	1	1	7	3	1	7	3
Saint-Antonin	2	9	5	1	1	5	1	1	5

ARRONDISSEMENT D'ARLES.

DÉSIGNATION DES COMMUNES	AU CHEF-LIEU de Département			AU CHEF-LIEU d'Arrondis judic.			AU CHEF-LIEU de la Cour Impér.		
ARLES	7	4	»	1	7	»	7	2	»
Font-Vieille	7	3	»	»	9	7	7	2	»
Mas-Blanc	7	4	1	1	6	4	7	7	»
CHATEAU-RENARD	7	7	5	1	9	3	6	9	»
Barbentane	8	5	1	1	4	7	7	8	»
Graveson	7	8	6	1	1	»	7	5	»
Noves	7	4	7	2	4	1	6	5	»
Rognonas	8	1	5	1	6	5	7	5	»
EYGUIÈRES	5	2	6	3	9	6	4	2	»
Alleins	4	8	1	4	1	5	3	1	»
Aureille	5	7	5	3	2	4	4	7	»
Lamanon	5	1	2	4	4	1	4	»	»
Mallemort	5	»	7	4	9	»	5	4	»
Vernègues	4	6	5	4	3	2	5	1	»
SAINTES-MARIES	7	8	6	5	5	3	10	5	»
ORGON	6	1	4	5	4	9	4	8	»
Cabannes	7	2	»	5	2	8	5	9	»
Eygalières	6	3	3	2	6	4	5	7	»
Eyragues	7	4	6	1	6	8	7	2	»
Mollèges	7	6	6	2	9	3	5	7	»
Saint-Andiol	6	9	7	2	8	»	5	8	»
Sénas	6	5	5	4	»	5	4	»	»
Verquières	7	1	»	2	4	1	6	»	»
SAINT-REMY	7	»	»	1	6	»	6	6	»
Les Baux	6	8	4	2	2	8	6	8	»
Maillane	7	6	»	1	1	7	7	5	»
Maussane	6	6	1	1	8	»	6	4	»
Mouriès	6	»	»	2	5	2	5	7	»
Paradou	6	6	9	1	6	7	6	6	»
TARASCON	8	1	7	»	»	»	8	2	»
Boulbon	8	5	6	»	8	7	8	6	»
Mezoargues	8	5	5	1	»	6	9	2	»

La Commission centrale instituée par arrêté de M. le Préfet, en date du 1er mars 1856, ayant procédé à l'examen du travail fait par M. Charles Tavernier fils, secrétaire chargé de la rédaction, l'a trouvé conforme aux solutions arrêtées par elle dans les différentes réunions consacrées à la vérification et à la révision des usages locaux recueillis par les Commissions cantonales. En foi de quoi les membres de la Commission ont signé le présent procès-verbal.

Aix, le 30 juin 1857.

CASTELLAN, MOUTTE, B. JOURDAN,
BOUTEUIL, A. PERRIN.

DÉLIBÉRATION

DU CONSEIL GÉNÉRAL DES BOUCHES-DU-RHONE

DU 27 AOUT 1857

qui approuve le Recueil des Usages Locaux, et qui en vote la publication

M. Aude donne lecture du rapport suivant , au nom de la commission des établissements départementaux :

Les usages locaux n'avaient jamais été recueillis d'une manière complète ; ceux surtout qui , d'après les dispositions du Code Napoléon , ont force de loi , avaient besoin d'être plus particulièrement mis à la connaissance de tout le monde et de n'être incertains pour personne. Depuis plusieurs années , un grand nombre de Conseils généraux avaient exprimé le vœu qu'on s'occupât à constater et à recueillir, dans l'intérêt surtout des administrations civiles et judiciaires , les usages locaux auxquels se réfèrent diverses dispositions législatives.

M. le Ministre de l'intérieur, par une circulaire du 26 juillet 1844 , appela sur cet objet l'attention et l'examen de tous les Conseils généraux.

Après avoir rappelé les principaux articles du Code Napoléon, qui donnent à l'usage force de loi , M. le Ministre s'exprime ainsi : « L'é- « numération de ces cas principaux suffit pour que l'on comprenne « de quelle utilité serait , dans chaque département , un recueil des « usages formé avec soin et revu par toutes les personnes de la loca- « lité les mieux instruites et les plus compétentes ; on ne saurait « sans doute l'imposer comme loi, mais les autorités , aussi bien que « les particuliers, y puiseraient journellement des renseignements « indispensables, et, par degré, on parviendrait à rectifier et même « à fixer d'une manière authentique des usages parfois contradic- « toires et trop souvent mal connus ; au moins ces documents seraient « d'une très grande importance pour l'élaboration d'un Code rural « demandé par le plus grand nombre des Conseils des départements.»

M. le Ministre , dans sa circulaire, invitait MM. les Préfets à soumettre au Conseil général cette question et à le prier d'examiner

14

s'il y avait lieu de former un recueil des usages locaux dans le département, et quelle serait la marche à suivre pour en assurer la bonne exécution.

Vous avez senti l'importance d'un pareil recueil, Messieurs, et, sur l'invitation dont je viens de parler, vous n'êtes point restés en arrière.

Déjà, par une délibération du 4 septembre 1844, vous reconnûtes l'utilité et la nécessité d'un pareil recueil, et MM. les juges de paix furent invités, par vous, à procéder à la recherche et à la constatation des usages locaux.

Dans la session de 1850, vous insistâtes sur cette invitation. M. le Préfet nomma des commissions cantonales, chargées de vérifier le travail de MM. les juges de paix.

Aussitôt que ces commissions eurent procédé à leur examen, M. le Préfet, par un arrêté à la date du 1er mars 1856, institua à Aix, chef-lieu de la Cour impériale, une commission centrale qui fut chargée de procéder à la vérification de leurs travaux.

Cette commission, composée des hommes les plus éminents de la magistrature et du barreau d'Aix, s'est acquittée de sa mission et a choisi, avec l'agrément de M. le Préfet, pour secrétaire-rédacteur, M. Charles Tavernier fils, avocat à la Cour Impériale.

Tous les procès-verbaux des commissions cantonales ont passé sous les yeux de la commission centrale, et chacun de ses membres a fait individuellement, par écrit, ses observations critiques. Ce travail terminé, M. le secrétaire a fait le dépouillement général de tout le travail ; chaque article a été l'objet d'un examen approfondi, en sorte que les solutions définitives n'ont été adoptées qu'après que tous les soins possibles ont été apportés à ce travail.

Dans votre dernière session, vous avez voté une somme de 1,000 fr. pour servir de rémunération au jeune et laborieux légiste qui a rempli sa tâche à la parfaite satisfaction de la commission centrale.

Aujourd'hui donc, le travail est terminé, et M. le Préfet vient mettre le *Recueil des usages locaux* sous les yeux du Conseil général.

Ce travail a paru très satisfaisant à votre commission, qui m'a chargé de vous en faire le rapport.

Mais, maintenant, il ne faut pas, Messieurs, que le recueil soit un travail mort et perdu ; il est d'une trop grande utilité pour tous les magistrats, pour tous les hommes de loi et pour tout le monde enfin, pour qu'il ne reçoive pas la plus grande publicité.

Votre commission a donc pensé, et telle est aussi l'opinion de M. le Préfet, que le département devrait le faire imprimer : c'est la proposition que j'ai à vous faire en son nom. A cet effet, vous n'auriez, en exprimant votre satisfaction sur la rédaction du recueil dont il s'agit, qu'à déclarer que vous confiez aux soins de M le Préfet cette publication par la voie de l'impression, sauf à ce magistrat à user de tel moyen qu'il jugera convenable pour parvenir à ce but.

Le Conseil, ouï ce rapport, et après discussion, déclare adopter, en ce qui le concerne, le *Recueil des usages locaux* dont il s'agit, comme présentant toutes les garanties voulues ; il vote la publication de cet ouvrage, laissant à M. le Préfet le soin de prendre tels arrangements qui lui paraîtront les plus opportuns à cet effet ; il alloue la somme de 500 fr. à titre de subvention pour les frais de cette publication, à la condition que l'éditeur mettra à la disposition du département 500 exemplaires, pour être distribués toujours par les soins de M. le Préfet.

FIN.

TABLE GÉNÉRALE ALPHABÉTIQUE

DES MATIÈRES

DU RECUEIL DES USAGES LOCAUX.

———◇✕◇———

FIN DE LA TABLE ALPHABÉTIQUE.

www.ingramcontent.com/pod-product-compliance
Lightning Source LLC
Chambersburg PA
CBHW070529200326
41519CB00013B/2992